GILESS 1974

LA MARQUISE
D'ALFI

PAR

EUGÈNE SUE.

1

PARIS
ALEXANDRE CADOT, ÉDITEUR,
37, RUE SERPENTE.

1853

LA MARQUISE D'ALFI.

Ouvrages de Xavier de Montépin.

Les Oiseaux de Nuit.	5 vol.
Le Vicomte Raphaël.	5 vol.
Mignonne	3 vol.
Brelan de Dames	4 vol.
Le Loup noir.	2 vol.
Confessions d'un Bohême	5 vol.
Les Amours d'un Fou	4 vol.
Pivoine	2 vol.
Les Viveurs d'autrefois.	4 vol.
Les Chevaliers du Lansquenet.	10 vol.

Sous presse.

Mademoiselle Kérovan.

Ouvrages de G. de La Landelle.

Falkar le Rouge.	5 vol.
Le Morne aux Serpents.	2 vol.
Les Iles de Glace.	4 vol.
Une Haine à Bord	2 vol.
Les Princes d'Ébène	5 vol.

Ouvrages d'Alexandre Dumas fils.

Tristan le Roux.	3 vol.
La Dame aux camélias.	1 vol.
Aventures de quatre femmes	6 vol.
Le docteur Servans	2 vol.
Le Roman d'une femme	4 vol.
Césarine.	1 vol.

Sous presse.

Les Amours véritables.

Impr. de E. Dépée, à Sceaux (Seine).

LA MARQUISE

D'ALFI

PAR

EUGÈNE SUE.

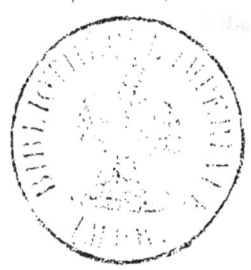

1

PARIS
ALEXANDRE CADOT, ÉDITEUR,
37, RUE SERPENTE.

1853

LA MARQUISE

CORNELIA D'ALFI

PRÉFACE.

—

A MADAME MARC-GAILLARD,

Ma chère Soeur,

J'accomplis une promesse pour moi bien douce à tenir ; je vais tâcher de te faire connaître le beau pays que j'habite, ce pays où m'a conduit le hasard des révolutions :

J'avais d'abord songé à l'écrire : — des *lettres sur la Savoie*, — mais une fois à l'œuvre, il m'a semblé que, si exacte qu'elle soit, la description d'un admirable paysage, qu'aucun personnage réel ou fictif n'anime, devient fastidieuse pour un grand nombre de lecteurs ; j'ai donc renoncé à mon premier projet.

Une aventure romanesque et tragique, qui s'est, dit-on, passée il y a quelques années aux environs du lac d'Annecy, m'a été dernièrement racontée ; elle a servi de canevas au récit que tu vas lire.

Tu le sais, chère sœur, j'ai écrit ce livre

et je te le dédie, dans la pensée de t'associer à mes sentiments d'inaltérable reconnaissance pour l'accueil cordial et touchant que je reçois en Savoie : jamais je n'oublierai que c'est à la bienveillante et honorable intervention de M. d'AZÉGLIO, président le conseil des ministres du roi de Sardaigne, ce prince honnête homme! que je dois la généreuse hospitalité dont je jouis ici (1).

Tu ignores la politique, chère sœur, je ne te parlerai donc pas de la liberté qui

(1) Je suis heureux d'offrir anssi à M. de Raymondi, Intendant-général en Savoie, ce gage du souvenir que je conserve de ses bonnes et aimables relations.

règne dans les états Sardes, je ne te parlerai pas non plus de M. d'Azéglio, comme homme politique, mais tu lui seras, ainsi que moi, profondément sympathique, quand je te dirai la noblesse du caractère de l'homme privé, le courage du soldat, dont le sang a coulé pour la sainte cause de l'indépendance de la patrie; quand je te dirai enfin le charme de son esprit, et son double talent de poète et de peintre; heureux priviléges! l'homme d'Etat passe emporté par la marche des événements; mais aux événements survit l'homme de grand cœur, artiste aussi remarquable qu'éminent écrivain.

J'arrive au but et au sujet de cet ouvrage.

Le lac d'Annecy et ses environs ne sont pas, selon moi, aussi connus qu'ils méritent de l'être; mes vœux seraient comblés, si la lecture de l'œuvre que je publie pouvait engager quelques touristes, quelques paysagistes amoureux de leur art, quelques personnes ayant le goût de l'agriculture, à visiter les magnificences de cette contrée, qui joint à la grandeur et à la variété des sites alpestres, une fertilité merveilleuse et une science agricole très avancée.

J'ai connu des gens du monde, des artistes très justement enthousiastes de la Suisse, si voisine de la Savoie, et non moins admirateurs de certaines beautés de ce dernier pays, dont la réputation est européenne : telles que *Chamounix*, le *Mont-Blanc*, le *lac du Bourget*, mais jamais aucun de ces voyageurs n'avait poussé ses excursions jusqu'au lac d'Annecy. Dernièrement encore, me trouvant chez M. Loppé, jeune peintre français établi ici et qui joint, à un profond sentiment de la nature, un talent plein d'avenir, j'ai eu le plaisir de rencontrer l'un de nos graveurs les plus distingués, M. Amédée Varin. Il arrivait du lac Majeur, il venait de traverser les plus admirables cantons de la Suisse, et cependant, en parcourant les rives du lac d'Annecy et ses environs, il marchait de surprise en surprise, d'enchantement en enchantement ; se demandant, ainsi que moi, comment cette contrée, qui renferme des trésors inexplorés, était presque complètement inconnue des artistes ?

J'ai donc tâché de peindre exactement quelques-uns des sites où se passent les principales scènes de mon récit; mais je réclame d'avance, chère sœur, ton indulgence et celle du lecteur, pour la fidélité, peut-être trop scrupuleuse des détails, sans lesquels il est cependant très difficile de rendre exactement le caractère et l'aspect d'un paysage ; la manière dont je perçois les objets extérieurs peut seule excuser cette fidélité de reproduction poussée jusqu'au scrupule... peut-être jusqu'à l'excès : au premier aspect d'un grand tableau de la nature, je suis d'abord ébloui; les détails se perdent dans la majesté de l'ensemble ; le ressentîment du beau est alors chez moi plus instinctif que raisonné; mon admiration confuse, troublée, ne sait à bien dire où se prendre, allant de l'une à l'autre de ces magnificences; c'est seulement après avoir, si je peux m'exprimer ainsi, pratiqué souvent les mêmes lieux, que d'un coup d'œil sûr et ravi, j'embrasse à la fois les détails et l'ensemble ; ainsi donc, l'exactitude presque topographique des descriptions que tu rencontreras dans ce livre, chère sœur, prouvera, sinon le talent du peintre, du moins sa véracité.

La Savoie, je te l'ai dit, me semble non seulement digne du vif intérêt des touristes voyageant pour leurs plaisirs, des artistes passionnés pour leur art, mais au point de vue des procédés de culture et de l'incroyable fécondité de son sol, la partie du pays que j'habite doit attirer l'attention de l'agriculteur.

Un fait d'une importance capitale, m'a surtout vivement frappé : c'est l'emploi presque général des *vaches laitières comme bêtes de labour et de charrois;* souvent dans mes promenades j'ai interrogé les cultivateurs afin de savoir si cette traction fatiguait le bétail, si elle n'occasionnait pas des avortements ou une dépréciation dans la quantité ou dans la qualité du lait ; il n'en est rien : les vaches soumises à ce travail (en moyenne de huit à dix heures par jour, entrecoupé d'un repos de deux heures), pourvu que leur nourriture soit substantielle, donnent la même quantité, la même qualité de lait, opèrent leur gestation avec autant de facilité que si elles restaient dans l'oisiveté de l'étable ou du pâturage : quoique l'on ne cesse de les atteler qu'un mois au plus avant leur vêlage : enfin elles deviennent plus robustes et sont moins sujettes à certains maux que celles dont on ne se sert point pour le labour : je suis journellement témoin d'une expérience décisive : le métayer de la maison que j'habite, aux environs d'Annecy, est un excellent cultivateur, son exploitation se compose de terres à blés, de prairies artificielles et de champs de plantes légumineuses. *Quatre vaches*, dont le lait est abondant et parfait, suffisent à tous les travaux de cette ferme : labour, hersage, charroyage, etc., etc.

Autre remarque, aussi fort importante à

l'endroit de l'économie agricole : le mode d'attelage, employé ici, est le moins dispendieux de tous, il se compose d'un double joug de bois, de deux anneaux de fer et d'une courroie; ce double joug porte à la fois sur les cornes et sur la nuque de l'animal et lui permet d'employer alternativement, et sans fatigue, ces deux modes de traction : un joug complet vaut de *cinq à six francs*, il épargne ainsi la dépense et l'entretien de harnais toujours si coûteux. Les charriots à quatre roues sont d'un prix très minime, *cent cinquante à deux cent francs*, et d'une telle légèreté, malgré leur solidité, qu'un enfant les mettrait en mouvement. En France, au contraire, il y a toujours sur un attelage de trois ou quatre chevaux, la déperdition de la force d'un cheval, uniquement destiné à supporter le poids de ces monstrueuses charrettes bardées de fer, dont la contenance est de très peu supérieure à celle des charriots de Savoie, surtout s'il s'agit de la rentrée des céréales et des foins que l'on peut entasser sur ces véhicules trainés par deux vaches jusques à la concurrence de 70 à 80 quintaux.

Les conséquences de l'*utilisation* des vaches laitières aux travaux de l'agriculture seraient incalculables ; ainsi, en France, un cultivateur possédera, je suppose, un troupeau de dix à douze vaches uniquement destinées à la production du lait, des veaux et de l'engrais; en bornant à ces fonctions l'emploi de son bétail, le cultivateur ne *laisse-t-il pas inactives et complètement perdues des forces de traction puissantes, au moins équivalentes à celles de quatre chevaux?* Et de plus, la morte saison venue, les chevaux inutiles à l'écurie CONSOMMENT SANS PRODUIRE, tandis que la *vache de trait*, retenue à l'étable durant les mauvais temps de l'hiver, DONNE SON LAIT ET SA PROGÉNITURE.

Il est impossible de ne pas reconnaître quelle immense économie résulterait du procédé de culture que je signale, soit pour les grands, soit pour les petits cultivateurs; il est évident que la différence *en moins* des frais d'achat, d'entretien et d'usure de deux attelages de chevaux dans une exploitation agricole de moyenne étendue, *suffirait à payer presqu'entièrement le fermage.*

Une autre question des plus vitales en agriculture, celle des engrais, est parfaitement comprise en Savoie..... mais ici, chère sœur, un scrupule m'arrête, je ne sais quel scélérat couronné... ou qui désirait l'être, disait : — *Le cadavre d'un ennemi sent toujours bon.* — Ce mot affreux, je l'ai très innocemment parodié; l'autre jour l'un de mes bons voisins d'Annecy-le-Vieux, manipulant certaines substances, réclamait l'indulgence de mon odorat. — *L'engrais sent toujours bon*, lui ai-je répondu; or, ni toi, chère sœur, ni mes lectrices ne poussez à ce point le stoïcisme agronomique; je crois donc devoir renvoyer à une note que tu ne liras pas, quelques lignes relatives à l'emploi de l'un des plus puissants engrais employés dans ce pays; cette note ne s'adresse pas à toi, chère sœur, mais aux lecteurs que l'agriculture intéresse et, parmi eux, j'aime à compter ton mari, mon second frère, de qui l'éminent savoir d'agronome et l'expérience consommée ont élevé les belles cultures de votre terre des *Bordes* à la hauteur d'une école d'agriculture modèle (1).

(1) Le sol du bassin d'Annecy est en grande partie un terrain d'alluvion, d'une telle fertilité, que bien qu'on ne le fume que tous les deux ou trois ans, les céréales, les prairies artificielles, les racines, les légumineuses, le chanvre, le colza, deviennent luxuriants sans épuiser ce sol d'une fécondité non pareille. Cependant l'engrais étant le pain de cette bonne terre nourricière, les cultivateurs emploient ici, ainsi que cela se pratique aussi dans les Flandres, un ferment de végétation d'une extrême activité : L'ENGRAIS HUMAIN : selon cet axiôme constaté par la science : *que l'homme peut suffire à l'engrais de la portion du sol nécessaire à la production du blé qu'il consomme.* Cet engrais, certes, le plus gratuit de tous et dont les miasmes délétères sont facilement neutralisés par un procédé aussi simple que peu coûteux, se change en une poussière fécondante, il est ici soigneusement recueilli et devient ainsi l'un des agents les plus utiles de la production agricole ; tandis qu'en France, telle est encore la routine et l'ignorance, que dans les trois quarts des départements cet engrais reste complètement inuti-

XX LA MARQUISE

Je te parlerai donc seulement, chère

lisé; nous avons lu dans le *Cultivateur genevois*, journal d'agriculture, un excellent travail sur les engrais, par l'un de nos bons et chers voisins, M. *Amoudruz*, ingénieur civil, et l'un des plus savants praticiens agricoles de la Savoie; très versé dans les sciences chimiques; M. *Amoudruz* a perfectionné l'emploi des engrais, ses cultures sont des plus remarquables, et nous avons admiré, dans ses étables, des produits de la race porcine que les plus célèbres éleveurs d'Angleterre envieraient: disons en passant, que cette année M. *Amoudruz* a employé un moyen, aussi simple que certain, de préserver la pomme de terre de la maladie. — Après les avoir plantées en avril, *il a arraché les fanes*, lorsque le tubercule a eu atteint son point de maturité; la récolte de M. *Amoudruz* a été parfaite et complètement saine; celle de ses voisins, qui n'avaient pas voulu employer le même procédé, a été perdue. Nous citerons encore, parmi les grands propriétaires qui s'occupent d'agriculture, avec succès en Savoie, M. de *Vésigny*, commandant la garde nationale d'Annecy, homme de noble cœur, jadis proscrit, condamné à mort pour la cause de la liberté, il est aujourd'hui l'un des plus dignes, des plus fermes soutiens de la constitution sarde.

sœur, d'un engrais singulièrement *pittoresque*, car il offre un riant et charmant aspect; l'on voit ici, en cette saison, de vastes champs d'élégants roseaux de quatre à cinq pieds de hauteur, d'un vert éclatant, et balançant au vent leurs tiges élancées, ils croissent merveilleusement dans tous les sols humides, tourbeux, sillonnés, minés par de petites sources souterraines. On appelle ici ces champs de roseaux : du *marais*. Leur action fertilisante est tellement puissante lorsqu'ils sont employés comme engrais, soit verts, soit à l'état de litière, que le sol qui les produit acquiert une valeur souvent *triple et quadruple de celle des meilleures terres à blé, ou du meil-*

leur vignoble, et rapportent en conséquence, *sans aucun frais de culture.* Il y a près du village de *Menthon* sur les bords du lac, tel *marais* qui s'est payé DIX A DOUZE MILLE FRANCS L'HECTARE!! c'est, je te l'assure, un gracieux tableau que ces grandes étendues de roseaux, divisés, pour la vente, en petits lots (n'en obtient pas qui veut), et envahis, au moment de la coupe, par des hommes, des femmes, des enfants qui viennent fauciller cette richesse végétale et l'emportent en gerbes verdoyantes.

Or, il existe en France, et notamment en Sologne, d'immenses étendues de terrains minés par des sources sans écoulement, sol stérile, infect, dont les exhalaisons pestilentielles étiolent les habitants du pays, et causent ces funestes fièvres intermittentes qui déciment les malheureuses populations rurales, déjà écrasées par la misère et par un travail accablant; cependant les roseaux dont je parle, chère sœur, croîtraient parfaitement dans ces terrains tourbeux à demi submergés, à la seule condition que les eaux de source, au lieu de croupir, se renouvelleraient incessamment; assainissement très facile à pratiquer au moyen de fossés d'écoulement; ainsi, au lieu d'être attristé par la vue de ces immensités d'eaux boueuses, putrides, désolées, où pointent çà et là quelques maigres touffes de joncs, le regard se reposerait sur de vastes étendues de roseaux ondoyants, dont le produit considérable ne demande aucuns frais de culture, et qui, par leur action fertilisante, surpassent la valeur des engrais les plus coûteux.

Tu me pardonneras, chère sœur, cette longue, trop longue digression agronomique, plusieurs de mes lecteurs me la pardonneront peut-être aussi ; je m'estimerais doublement heureux, si quelques renseignements d'une application facile pour l'agriculture ressortaient du moins de la préface de ce livre, destiné, je le répète, à attirer, autant que cela m'est possible, l'atttention, non seulement des touristes et des artistes, mais aussi celle des agriculteurs, sur la Savoie, devenue pour moi une seconde patrie, grâce à l'affectueux accueil dont j'ai été honoré en ce pays de mœurs si douces, si cordiales, si ouvertes, si noblement hospitalières, en un mot si *françaises*... dans la vraie, dans la bonne acception du mot.

J'ajouterai, en terminant, que la grande industrie est aussi dignement représentée à Annecy, et dans les environs, par plusieurs établissements, entre autres les forges et la papeterie de *Cran*, et la magnifique filature de M. LÆUFFER, où sont employés plus de deux mille travailleurs qu'il entoure d'une sollicitude paternelle. Il existe aussi à *Faverges* une fabrique considérable de soieries généralement exportées en Amérique : c'est M. BLANC qui a doté la Savoie de cette brillante industrie.

Et maintenant, chère sœur, que la destinée de ce livre, placé sous ton invocation fraternelle, s'accomplisse ! combien je serais fier et heureux si quelques-uns de mes lecteurs voulaient venir s'assurer, par eux-mêmes, de la réalité des tableaux que je vais tenter de peindre, et partager ainsi l'admiration qu'ils m'inspirent.

Un mot encore : l'héroïne de l'aventure

que l'on m'a racontée était, m'a-t-on dit, *Vénitienne*, j'ai suivi cette indication dans mon récit; ai-je besoin d'ajouter que j'éprouverais un regret amer, si jamais l'on pouvait douter que l'individualité bizarre, souvent atroce, mais du moins repentante, que j'ai tâché de mettre en relief, n'est absolument, dans ma pensée, qu'une *exception*, et non pas le type de la Vénitienne !

Venise et ses habitants sont saints et sacrés pour moi; depuis les combats sublimes de cette noble ville, dont le patriotisme héroïque s'est incarné dans Manin...

Manin! digne émule de Mazzini, et comme lui, l'un des plus vaillants, des plus purs, des plus illustres défenseurs de la liberté italienne, qui compte, hélas! comme d'autres causes non moins impérissables, tant de proscrits, tant de héros... tant de martyrs!

Adieu, chère et tendre sœur, dans l'une de tes dernières lettres, tu me répondais : « — Que si, malgré la bienveillante hos- » pitalité dont je jouis en Savoie, j'avais » parfois *le mal du pays*, tu avais, toi, *le* » *mal de frère...* » — Ce mot touchant et charmant peint ton esprit et ton cœur, il est notre éloge à tous deux... tu me permettras de le rappeler ici.

Eugène Süe.

Savoie. — Annecy-le-Vieux, 12 août 1852.

P. S. Cette dédicace était écrite depuis peu de jours, lorsque tu es venue, avec celui qui est devenu un frère pour moi, passer quelques jours dans ma solitude : nous avons parcouru plusieurs des sites décrits dans ce livre, j'ai l'espoir que tu les retrouveras comme d'anciennes et aimables connaissances.

PROROGUE.

La scène suivante se passe de nos jours, dans une maison de campagne isolée, aux environs de Lyon.

Au fond d'un salon brillamment éclairé, l'on voit une table recouverte d'un tapis de velours rouge, un crucifix est posé entre deux candélabres dorés ; à peu de distance de cet autel improvisé, sont placés deux fauteuils et à leurs pieds deux coussins.

Faustine, camériste, sort d'une chambre dont la porte s'ouvre sur le salon.

FAUSTINE, *gaîment.*

Combien il me tarde d'entendre sonner

minuit! quelle comédie! ah... j'en rirai longtemps, voyons si rien ne manque ici? Non? voilà les deux fauteuils pour les mariés... *(elle rit)* ah! ah! ah! le coussin où ils s'agenouilleront devant... *(elle rit plus fort)* devant monseigneur le patriarche des Indes!!! mon Dieu que c'est amusant!

<small>**Piétro**, valet de chambre, vêtu de noir, apporte deux vases de fleurs ; il les place sur la table, entre le crucifix et les deux candélabres.</small>

FAUSTINE, *riant*.

Te voilà devenu sacristain du diable!

PIÉTRO, *gravement*.

Respect au sacristain du signor dom Cambrelli, patriarche des Indes et oncle de madame la marquise *(éclatant de rire)* ; non, tu ne peux t'imaginer la figure d'Ambrosio

avec sa robe rouge à camail, et sa fausse
barbe blanche qui lui descend au milieu de
la poitrine !

FAUSTINE.

Ambrosio a fait rapidement son chemin :
hier intendant de madame, aujourd'hui son
oncle et prélat ! Il ne pouvait arriver plus
à propos de Venise... Ah ça, et le jeune
homme, l'as-tu vu ?

PIÉTRO, *pouffant de rire.*

M. le comte préside à la toilette de ce
pauvre garçon, qui, ainsi travesti, est im-
payable ! malgré ses dix-huit ans et sa charmante figure, il a l'air d'un masque de car-
naval : culotte de satin blanc, tunique écar-
late brodée d'or, et, sur l'épaule, le petit

manteau jaune brodé d'argent, ajoute à cela une toque à plumes! et tu auras le portrait du jouvenceau.

FAUSTINE.

Quel imbécille! il est si niais qu'il mérite ce qui lui arrive, ne pas s'apercevoir que depuis six semaines il est le jouet, le bouffon de madame la marquise et de M. le comte! croire que celui-ci est le frère de notre maîtresse! c'est par trop stupide aussi!

PIÉTRO.

Que veux-tu? ce petit Julien était déjà probablement et naturellement fort bête... il devient en outre amoureux fou de madame la marquise, il en résulte qu'il doit avoir complétement tourné à l'idiotisme...

Cependant, malgré sa sottise, il est courageux comme un lion... te rappelles-tu son duel avec cet officier?

FAUSTINE.

Bon! madame la marquise était présente... ce pauvre nigaud a voulu faire le bravache!

PIÉTRO.

Vous êtes familière, ma chère... appeler nigaud monseigneur le duc de la *Torre-Alba*, chevalier de la Toison-d'Or...

FAUSTINE.

Je jurerais que ce malheureux clerc de notaire, prend son rôle au sérieux et qu'il troquerait volontiers son piètre nom de *Julien* pour ce nom et ce titre d'emprunt dont M. le comte l'a affublé, pour mettre le comble à la bouffonnerie!

PIÉTRO.

Quand il s'agit de mystifier quelqu'un, M. le comte est dans son élément.

FAUSTINE.

Aussi depuis qu'un heureux hasard a envoyé ce benêt de Julien, à madame la marquise et à M. le comte, pour leurs menus plaisirs, M. le comte ne s'endort plus après dîner.

PIÉTRO.

Et il ne passe plus des heures à tirer, en manière de distraction, les oreilles et la queue du pauvre *Lowe*, l'épagneul de madame.

FAUSTINE.

Certes, M. le comte est le plus beau, le

plus élégant, le plus accompli des gentilshommes ; mais quand il est tête-à-tête avec madame la marquise, il n'a pas plus de conversation que son cheval.

PIÉTRO.

Et pourtant, madame s'accommode de cela, elle qui a tant d'esprit !

FAUSTINE.

Hé bien! dans ses tête-à-tête avec M. le comte, elle de l'esprit pour deux : elle peut se permettre cette dépense ; d'ailleurs elle est encore affolée de M. le comte, et quand elle est affolée de quelqu'un, ce quelqu'un-là est pour elle un phénix ; elle lui s'acrifierait le monde entier... moins elle, bien entendu.

PIÉTRO.

Quelle femme! quelle femme! je crois parfois que c'est Satan en personne.

FAUSTINE.

Si Satan prend souvent une pareille figure, il doit damner bien des âmes; à propos de cela... sais-tu que la plaisanterie de ce soir est un peu sacrilége?

PIÉTRO.

Un peu?... peste, dis donc beaucoup! mais cela regarde madame et M. le comte; ah ça, j'y songe: ils vont perdre leur passe-temps, leur souffre-douleurs; car après la cérémonie, qui dans un moment aura lieu, ce malheureux Julien n'osera sans doute plus mettre les pieds ici?

FAUSTINE.

Qu'importe à madame la marquise, est-ce qu'elle ne doit pas partir pour Paris après-demain matin?

PIÉTRO.

C'est juste... mais toi qui es dans le secret de notre maîtresse, comment cela finira-t-il? car enfin, tout à l'heure, après le mariage...

FAUSTINE, *entendant le timbre d'une pendule.*

Minuit: vîte, vîte, je retourne auprès de madame; elle m'attend pour poser sur sa tête sa couronne de marquise... Mon Dieu, qu'elle est donc belle en grand habit de cour!! j'étais éblouie. Aussi j'en conviens, il n'y a rien d'étonnant à ce que ce niais de clerc de notaire ait été fasciné !

PIÉTRO.

Jamais Venise, patrie de notre maîtresse, ne s'est enorgueillie d'une plus admirable créature... moi, j'aime à regarder madame la marquise, rien que pour le plaisir de la regarder.

FAUSTINE.

Allons, Piétro, sortons de ce salon, les gens de livrée ont été envoyés à Lyon, sous un prétexte ; Ambrosio, toi et moi, nous sommes seuls dans le secret de la comédie : M. le comte, doit être l'unique témoin du mariage de M. Julien... que dis-je... de M. le duc de la Torre-Alba (*elle rit*).

PIÉTRO.

Chevalier de la Toison-d'or... avec un manteau jaune : ah! ah! ah!

Piétro et Faustine sortent en riant, par deux portes différentes ; peu d'instants après entrent Julien et le comte Christian : celui-ci est grand, sa taille est flexible et élégante, mais sa figure, d'une beauté parfaite, n'a d'autre expression que celle d'une insolente fatuité : il porte avec une aisance cavalière un riche habit de cour; Julien a dix-huit ans, ses traits charmants, délicats et candides, comme ceux d'une jeune fille, sont d'une douceur angélique; il est splendidement mais ridiculement accoutré d'une culotte de satin blanc à bouffet, d'une tunique de velours incarnat, brodé d'or et d'un court manteau jaune, brodé d'argent; les insignes de l'ordre de la Toison-d'Or, brillent sur sa poitrine ; il tient à la main sa toque de velours et paraît aussi gauche qu'embarrassé sous ce vêtement théâtral.

LE COMTE CHRISTIAN, *gravement*.

Enfin, mon cher Julien, le voici venu ce

beau jour, où celle que j'appelle ma sœur, va vous donner sa main.

JULIEN, *en proie à une sorte d'extase.*

Monsieur le comte... est-ce un rêve, suis-je bien éveillé... moi... moi, le mari de madame la marquise !

LE COMTE CHRISTIAN.

Parbleu! *(montrant une des portes s'ouvrant sur le salon)* Et après la bénédiction... la chambre nuptiale.

JULIEN, *rougit, baisse les yeux, s'appuie à l'un des fauteuils, et met son autre main sur sa poitrine.*

Le cœur me manque... Mon Dieu! le bonheur vous écrase donc aussi sous sa grandeur! il me semble que j'éprouve un remords d'être si heureux! qu'ai-je donc fait pour mériter une félicité pareille?

LE COMTE CHRISTIAN.

Ce que vous avez fait, mon cher? vous avez aimé une femme ravissante.

JULIEN, *les yeux pleins de larmes et joignant les mains avec exaltation.*

Oh oui!... aimé avec ivresse... aimé avec idolâtrie : oh! aimé surtout avec la reconnaissance ineffable d'une pauvre créature obscure, sans mérite, qui ne possède au monde qu'un cœur simple, dévoué, honnête et qui voit descendre à lui... une femme comme madame la marquise.

LE COMTE CHRISTIAN, *d'un ton sardonique.*

Ce qui vous prouve, mon jeune ami,

qu'un amour sincère et naïf est toujours récompensé.

JULIEN, *avec embarras.*

Monsieur le comte, une seule chose me peine : j'ai revêtu ces riches habits, je prends un titre qni ne m'appartient pas, un nom qui n'est pas le mien ; c'est mentir ! Et mentir dans un moment si grave, mentir à la face du ciel !

LE COMTE CHRISTIAN.

Encore ces scrupules? combien vous êtes enfant : ne comprenez-vous donc point qu'en raison de l'aristocratique fierté de son oncle, monseigneur le patriarche des Indes... (*le comte réprime difficilement son envie de rire*), la marquise ne pouvait décemment pas... Mais silence... La voici.

L'on voit entrer Cornelia, marquise d'Alfi, donnant la main à son intendant Ambrosio; il se prélasse sous une longue robe rouge à camail, et sa fausse barbe blanche tombe sur sa poitrine. La marquise d'une éblouissante beauté, est couverte de diamants; son long manteau de cour traîne sur ses pas; sa tête est ornée d'une petite couronne héraldique à cinq fleurons d'or où sont enchâssés des diamants. L'intendant Ambrosio, qui joue le rôle du patriarche des Indes, se dirige vers la table servant d'autel. La marquise jette un regard enchanteur à Julien et du geste lui désigne le fauteuil placé à côté du sien.

LE COMTE CHRISTIAN, *poussant doucement vers le fauteuil Julien, dont l'embarras redouble, lui dit tout bas :*

Rassurez-vous, mon cher, la cérémonie durera cinq minutes à peine, les patriarches des Indes marient selon un rite particulier fort expéditif.

Julien s'approche en tremblant du fauteuil placé près de celui de la marquise, et comme elle il s'agenouille sur l'un des coussins. Cette parodie sacrilége dure à peine pendant quelques minutes, employées par Ambrosio, à un simulacre de prières, après quoi, s'approchant de la marquise et de Julien agenouillés, il leur dit d'une voix solennelle :

— Cornelia Giovani, épouse veuve du marquis d'Alfi, consentez-vous à prendre pour époux le seigneur duc de la Torre-Alba, chevalier de la Toison-d'Or?

LA MARQUISE, *avec ravissement.*

J'y consens.

AMBROSIO, *à Julien.*

Duc de la Torre-Alba, consentez-vous à prendre pour épouse Cornelia Giovani, marquise d'Alfi ?

JULIEN, *d'une voix palpitante d'émotion.*

Oh... oui... j'y consens!

AMBROSIO.

Cornelia Giovani, jurez-vous devant Dieu, d'accomplir fidèlement vos devoirs d'épouse envers votre nouvel époux ?

LA MARQUISE, *d'une voix ferme.*

Je le jure !

AMBROSIO.

Duc de la Torre-Alba, jurez-vous de consacrer votre vie au bonheur de celle qui vous accepte pour mari ?

JULIEN, *avec exaltation et ne pouvant retenir ses larmes.*

Je le jure ! oh à elle, mon âme, ma vie !!

AMBROSIO.

Que le ciel entende et accepte vos serments : soyez unis.

Ambrosio prend la main de Julien et la met dans celle de la marquise. L'émotion de l'adolescent est si profonde, qu'il semble prêt à défaillir. Ambrosio fait de nouveau un simulacre de prières et sort gravement par l'une des portes du salon.

La marquise se relève, mais Julien reste agenouillée devant elle, les mains jointes, l'adoration empreinte sur ses traits ingénus, l'émotion étouffe sa voix, il ne peut prononcer une parole.

LA MARQUISE, *avec un accent enivrant.*

Relevez-vous enfant.., je vous dois tant de bonheur... que ce serait à moi de me mettre à vos genoux !

Le comte Christian, va ouvrir les deux battants de la porte d'une chambre voisine et revient d'un air ironiquement solennel auprès de Julien, qui toujours à genoux, a pris les deux mains de la marquise, sur lesquelles il appuie son front.

LE COMTE CHRISTIAN.

Mon cher Julien, relevez-vous et suivez-nous, jeune et chaste époux...

Le comte donne le bras à la marquise et la conduit dans l'appartement voisin, Julien les suit, ivre de bonheur et d'amour, mais le comte, se retournant dès que la marquise est entrée dans la chambre, fait signe à l'adolescent de rester sur le seuil, il obéit. Le comte ferme l'un des battants de la porte, puis éclatant d'un rire homérique, il dit à l'adolescent :

— Bonsoir, cher duc de la Torre-Alba... bonsoir, noble chevalier de la Toison-d'Or, la marquise n'est point du tout ma sœur, car depuis longtemps nous nous chérissons très tendrement et très amoureusement ; quant à la morale de l'aventure la voici : de même que les papillons de nuit se brûlent à la lumière, les clercs de notaire qui ont l'impudence d'aimer des marquises, sont justement bafoués et turlupinés ; la leçon vous profitera sans doute, et sur ce... bonsoir, cher duc de la Torre-Alba.

La voix de la marquise.

Bonsoir, beau chevalier de la Toison-d'Or.. bonsoir.

La porte de la chambre se referme et l'on entend madame d'Alfi et le comte redoubler leurs éclats de rire.

Julien foudroyé, pâlit, chancelle et tombe évanoui en murmurant d'une voix expirante.

— Oh! mon père... la mort... la mort !

. . . .

Plusieurs mois après cette soirée, les événements que nous allons raconter se passaient dans les environs du *lac d'Annecy;* mais avant de poursuivre notre narration, nous essaierons de présenter au lecteur un tableau des sites et des localités qui doivent servir de cadre et de théâtre aux divers incidents de ce récit.

I

L'on voit encore à ANNECY quelques vestiges de la maison où madame *de Warrens* offrit, pour la première fois, un asile à *Jean-Jacques Rousseau*, lorsque, adolescent, il quitta Genève : — « Cette vieille maison, —

» dit-il dans ses *Confessions*, — derrière la-
» quelle se trouvait un passage entre un
» ruisseau à main droite, qui la séparait
» du jardin, et le mur de la cour à gauche,
» conduisant par une fausse porte au cou-
» vent des Cordeliers. »

La maison a disparu (1), mais il reste encore le ruisseau d'eau limpide (l'un des dégorgements du lac), la muraille de soutè-

---

(1) L'emplacement de la maison et du jardin de madame de Warens, sont en partie occupés aujourd'hui par l'habitation et le vaste établissement de M. *Sauthier-Tyrion*, à qui la province d'Annecy doit le remarquable développement de ses moyens de transport; nous sommes heureux de rendre ici ce témoignage à l'éminent industriel qui, grâce à sa grande fortune, à sa très habile initiative et à sa prodigieuse activité, marche incessamment dans la voie du progrès et des améliorations pratiques.

nement du jardin, et le passage qui conduisait à l'église des Cordeliers.

Les admirateurs de Rousseau contemplent, avec émotion, les dernières traces de cette habitation où vécut ce grand génie, l'honneur de l'humanité ; ils se plaisent à évoquer, en ces lieux, la riante et blonde figure de madame de Warrens, telle que la dépeint Jean-Jacques, lors de leur première entrevue : on le sait. l'adolescent, séduit par l'entretien, par le bon accueil, et, il l'avoue ingénûment, séduit aussi par l'excellent dîner d'un certain curé, avait résolu d'abjurer le protestantisme : il apportait une lettre à madame de Warrens qui devait lui faciliter les moyens d'entrer dans le giron de l'église catholique :

« — Je m'étais figuré, — dit-il, — une
» vieille dévote bien rechignée, je vois un
» visage pétri de grâces, de beaux yeux bleus
» pleins de douceur, un teint éblouissant,
» le contour d'une gorge enchanteresse ;
» rien n'échappa au coup d'œil rapide du
» jeune prosélyte, car je devins à l'instant
» le sien, sûr qu'une religion prêchée par
» de pareils missionnaires, ne pouvait man-
» quer de mener en paradis ; elle prend en
» souriant la lettre que je lui présente
» d'une main tremblante, l'ouvre, jette un
» coup d'œil sur celle que m'avait donné
» M. de Pontverre, revient à la mienne
» qu'elle lit tout entière, et qu'elle eut relue
» encore, si son laquais ne l'eût avertie
» qu'il était temps d'entrer. — Eh, mon en-
» fant, me dit-elle d'un ton qui me fit tres-

» saillir, — nous voilà courant le pays bien
» jeune? c'est dommage, en vérité. — Puis,
» sans attendre ma réponse, elle ajouta :—
» allez chez moi m'attendre; dites qu'on
» vous donne à déjeûner, après la messe
» j'irai causer avec vous.

Le premier séjour de Rousseau chez madame de Warrens, à Annecy fut, l'on se le rappelle, peu prolongé : il partit pour Turin où il devait renier le protestantisme et embrasser le catholicisme. L'adolescent ne garda point un souvenir très édifiant de sa conversion, si l'on en juge par plusieurs épisodes de son noviciat dans la maison religieuse où il fut renfermé.

« — Un jour, — dit-il, — on ouvrit une
» autre porte de fer, qui partageait en deux

» un grand balcon régnant sur la cour : par
» cette porte entrèrent nos sœurs les caté-
» chumènes, qui, comme moi, s'allaient
» régénérer, non par le baptême, mais
» par une solennelle abjuration; c'étaient
» bien les plus grandes s...... et les plus
» vilaines coureuses qui aient jamais em-
» puanté le bercail du Seigneur, etc. »
(CONFESSIONS, *Partie* 1re, *liv. II, p.* 89.)

Nous ne rapporterons pas ici, et pour cause, l'étrange aventure du *Maure*, autre abominable catéchumène, qui cause au pauvre Jean-Jacques une si grande terreur, malgré les explications de l'abbé, directeur de la maison. Ce saint homme, fort d'une longue expérience à l'endroit de ce qui épouvantait Rousseau, entreprenait de rassurer le nouveau converti, en lui affirmant qu'il s'effrayait véritablement de peu de chose!!

Après son apostasie, Jean-Jacques revint chez madame de Warrens : citons encore quelques lignes de l'immortel ouvrage, nous y retrouverons la physionomie de la vieille maison d'Annecy et de ses habitants :

« — Pauvre petit, te revoilà donc, — dit
» madame de Warrens en m'apercevant ;—
» je savais bien que tu étais trop jeune
» pour ce voyage. — Puis s'adressant à sa
» femme de chambre : — on dira ce qu'on
» voudra; mais puisque la Providence me
» le renvoie, je suis déterminée à ne pas
» l'abandonner... — Me voilà donc établi
» chez elle: elle habitait une vieille maison
» assez grande pour avoir une belle pièce

» de réserve dont elle fit sa chambre de
» parade, et qui fut celle où on me logea :
» cette chambre était sur le passage dont
» j'ai parlé, où se fit notre première entre-
» vue. Au delà du ruisseau et des jardins
» l'on découvrait la campagne..... Dès le
» premier jour la plus douce familiarité
» s'établit entre nous : *Petit* fut mon nom,
» *Maman* fut le sien... Je passais mon temps
» le plus agréablement du monde, occupé
» de choses qui me plaisaient le moins.
» C'étaient des mémoires à mettre au net,
» des projets à rédiger, des recettes à trans-
» crire; c'étaient des herbes à trier, des
» drogues à piler, des alambics à gouver-
» ner (1). Tout à travers de cela venaient

(1) Madame de Warens aimait beaucoup à s'occuper de la distillation des plantes médicinales.

» des foules de passants, des visites de toute
» espèce ; il fallait entretenir tout à la fois :
» un soldat, un apothicaire, un chanoine,
» une belle dame, un frère lai..... Madame
» de Warens me faisait goûter de ses plus
» détestables drogues : j'avais beau fuir ou
» vouloir me défendre, malgré ma résis-
» tance et mes horribles grimaces, malgré
» moi et mes dents, quand je voyais ces jolis
» doigts barbouillés s'approcher de ma bou-
» che, il fallait finir par l'ouvrir et sucer :
» quand tout son petit ménage était ras-
» semblé dans la même chambre, à nous
» entendre courir et crier, au milieu des
» éclats de rire, on eût cru qu'on y jouait
» quelque farce et non pas qu'on y faisait
» de l'opiat ou de l'élixir. » (CONFESSIONS,
Partie 1re, *Liv. III*, *p.* 161).

Nos lecteurs nous pardonneront cette digression, s'ils partagent notre religieuse admiration pour Rousseau et si, comme nous, ils ont éprouvé ce pieux recueillement que fait naître l'aspect des lieux divinisés par le génie.

Lorsque Jean-Jacques quittait Annecy pour aller contempler les magnificences de cette nature alpestre qu'il adorait, il se dirigeait de préférence, selon la chronique locale, vers un endroit où se trouve une demeure en ruines, que l'on appelle encore aujourd'hui : *la maison de Rousseau* (1). Ces

(1) Cette tradition locale est confirmée par une charmante notice de M. JACQUES REPLAT, intitulée : *La maison de Rousseau*, et insérée à la suite de son remarquable roman historique : LE SANGLIER DE LA FORÊT DE LONNES. Cette œuvre de poète et d'antiquaire rappelle les meilleurs ouvrages de Walter-Scott : par l'intérêt du

ruines seront le théâtre de quelques-unes des scènes de notre récit. Le site où fut bâtie cette maison dut, en effet, charmer Jean-Jacques ; complètement isolée, elle s'élève sur le versant d'une montagne, à une lieue d'Annecy, et à une distance à peu près égale des villages de *Chavoire* et de *Veyrier*.

Du haut du roc où cette demeure est assise, l'on jouit d'un coup d'œil magique,

récit, par la science archéologique, et par la connaissance profonde de l'histoire, des mœurs et du langage des habitants du comté de Savoie au xive siècle. — Ajoutons que M. *Jacques Replat*, l'un des plus éloquents avocats de la Savoie, a voué son patriotique et beau talent à la défense de la cause démocratique et de la constitution sarde. — Citons aussi, au sujet de la tradition locale relative à *la maison de Rousseau*, un excellent et consciencieux travail de M. JULES PHILIPPE, jeune écrivain de ce pays ; son livre sur *Annecy et ses Environs* est rempli de recherches curieuses, **La maison de Rousseau** appartient à M. Sauthier-Tyrion.

unique au monde; l'on embrasse du regard le LAC D'ANNECY, lac enchanteur, dont les aspects variés sont disposés, groupés, proportionnés par la nature, avec un bonheur qui défie l'idéal de l'art. Ce n'est point l'immensité de la petite *Méditerranée* de Genève, trop étendue pour que l'on puisse apercevoir ces deux rivages à la fois; ce n'est point l'aspect abrupt et sauvage du lac du *Bourget* encaissé dans de sombres murailles de rochers arides, ne laissant à la vue presque aucune échappée; non, l'œil ravi s'arrête tour à tour sur les bords riants, mélancoliques ou grandioses du lac d'Annecy, et plonge dans les horizons lointains, découverts par l'abaissement des pentes de quelques unes des montagnes dont il est encadré.

II

Tâchons, s'il est possible, de donner une idée de ces merveilles, en supposant le lecteur placé sur la terrasse en ruine de la *maison de Rousseau :* en face de la rive où elle est bâtie, et de l'autre côté du lac s'élève la ville d'Annecy, dominée par les donjons quadrangulaires du vieux château des anciens *Comtes de Genevois* qui ont souvent joué un grand rôle dans l'histoire (1). Au delà de cette cité, s'étend un immense bassin, aussi fertile, aussi habilement cultivé que les plus grasses campagnes de la Nor-

---

(1) Qu'il nous soit permis de mentionner ici un ouvrage très important au point de vue de la science historique et de l'idée démocratique. L'*Histoire de la Savoie*, actuellement sous presse ; M. Claude Genoux, auteur d'un beau livre justement populaire : *Mémoires d'un Enfant de la Savoie*, a bien voulu nous communiquer les épreuves de son Histoire de Savoie. Elle obtiendra, nous en sommes certain, un grand et légitime succès ; vaste érudition, style coloré, forme attrayante, telles sont les qualités saillantes de cette œuvre de l'ancien rédacteur du *Patriote Savoisien* et de l'auteur des *Chants de l'Atelier*. Fidèle à sa foi démocratique, M. Claude Genoux, en s'occupant de l'éducation historique du peuple, utilise noblement aujourd'hui les loisirs que lui fait l'exil.

mandie ou des Flandres, et semé çà et là de bouquets de noyer d'une végétation gigantesque; les riches guérets, doucement ondulés en vallons et en collines, s'étendent à perte de vue, et enfin, à l'extrême horizon, l'on aperçoit la chaîne du Jura : la France... la France !

Au-dessus de la ville d'Annecy, s'arrondissent les croupes boisées qui dominent la vallée de *Sainte-Catherine* : délicieux parc anglais de deux lieues de longueur, ce ne sont que prairies, cultures, ombrages séculaires, eaux vives, bondissant de roc en roc, les points de vue deviennent infinis, à mesure que l'on gravit les douces sinuosités d'une large route, si soigneusement entretenue que l'on peut arriver en voiture jusqu'au plateau supérieur; alors l'on a au dessous de soi les profondeurs de cette vallée, véritable océan de verdure (1), et au loin se déroule un magnifique panorama.

Au-dessus du dernier plateau de la vallée de Sainte-Catherine, commencent les rampes du *Semenoz*, l'un des points culminants de la chaîne des Alpes; une forêt de sapins couvre presque entièrement ses flancs, et pendant l'été plus de mille têtes

(1) La vallée de *Sainte-Catherine*, qui mériterait, à elle seule, le voyage d'Annecy, appartient presqu'en totalité à M. Germain, inspecteur des forêts ; la belle route qu'il a fait percer et qu'il entretient avec tant de soin, est un véritable service rendu au pays ; aussi versé dans l'agriculture que dans la sylviculture, M. Germain, par l'excellent aménagement de ses bois, qu'il est impossible de ne pas remarquer, a établi pour ainsi dire : *une école modèle forestière;* les résultats de cet enseignement pratique doivent être des plus heureux, pour une contrée si riche s... ces de bois de toute espèce.

de bétail paissent les immenses prairies qui verdissent sa cîme, où la Flore alpestre a versé sa corbeille odorante et diaprée.

Les versants du *Semenoz* et de ses annexes qui descendent jusqu'au lac, non moins transparent et bleu que la baie de Naples, sont plantés d'une haute futaie de châtaigniers de plus de deux lieues de longueur (elle s'étend depuis *la Puya* jusque par [de là *Sevrier*); ces châtaigniers monstrueux, ombrageant des pelouses veloutées, offriraient au peintre une foule de modèles d'une originalité puissante et hardie; les uns sont d'une telle circonférence, que quatre hommes n'embrasseraient pas leur tronc crevassé, trapu, aux moignons bizarrement contournés, d'où s'élancent, ainsi que des cierges gigantesques, de jeunes tiges dont l'écorce brillante, satinée, le tendre feuillage, contrastent étrangement avec la noire et rugueuse enveloppe du vieux tronc, souvent tordu comme un câble; d'autres souches déchaussés jusqu'à la moitié de leurs racines énormes, couvertes de mousse et surlevées en voûtes, en arcades, sous lesquelles l'on passerait en se courbant, ressemblent à des rochers, tant ils sont bossués de nœuds, de bourlets, d'excroissances ligneuses, puis de ces souches colossales, souvent rongées par le temps, jusqu'à l'aubier, et ainsi changées parfois en grottes d'écorces, s'élèvent pleins de sève, de vigueur, à trente pieds d'élévation, les robustes et luxuriants rejetons de l'arbre trois fois centenaire (1). Enfin pour comble de

(1) Cette admirable châtaigneraie se trouve aux portes

pittoresque, les troncs, les ramées de cette châtaigneraie, que la poétique fantaisie de l'artiste jamais n'aurait rêvée, se profilent sur l'azur du lac, qu'elle domine, azur si éclatant, si limpide, que par un singulier mirage, du haut des pentes gazonnées de la futaie, on croit voir à travers la feuillée resplendir au dessous de soi..... le bleu du ciel.

Le versant oriental du Semenoz s'abaisse insensiblement et découvre l'entrée de la vallée *des Bauges* si fertiles en herbages, que l'on dit à propos de la puis-

---

d'Annecy. L'ancienne route de *Sevrier* traverse ces bois. Nous ne saurions trop recommander ce site aux peintres de paysage ; nous le répétons, ils trouveront, là, ainsi que dans les environs du lac, des sujets d'étude variés, nombreux et d'une incroyable originalité.

sance inouie de sa végétation : — « Jetez
» le soir un bâton dans une prairie, le len-
» demain vous ne le verrez plus, tant
» l'herbe aura en une seule nuit grandi. »

Les abords de cette vallée, presque au niveau du lac, offrent aux regards l'aspect d'un échiquier où l'or des blés et des seigles mûrs, se marie à l'incarnat des trèfles, au bleu pâle des plants de lin, au rose vif des sainfoins et à la verdure variée du vignoble, du maïs et du chanvre.

III

Rien, jusqu'ici, de plus fertile que ces rives enchantées, mais au delà de l'entrée de la vallée des Bauges, et vers le fond du lac, la scène change. La grandeur alpestre se déploie dans toute sa majesté : c'est un entassement titanique de montagnes sur montages. Leurs crêtes se dressent vers le ciel comme des vagues gigantesques, pétrifiées pendant la tourmente ; l'imposante sévérité de ce tableau, est adoucie par les nuances de la végétation dont ces montagnes de trois à quatre mille pieds de hauteur sont entièrement revêtues : guérets, vignobles, forêts, pâturages, s'étagent ainsi, depuis la base jusqu'au sommet de ces masses volcaniques; incommensurable amphithéâtre de cultures variées, de bois touffus, de prairies s'élevant jusqu'aux nuées qui les caressent, et se réfléchissant dans le miroir des eaux du lac!

En hiver ce même site prend un caractère étrange; l'on se croirait transporté dans les régions glacées du pôle. Les monts entassés couverts de neige se perdent dans les profondeurs du ciel, devenu presque violet au soleil couchant; alors leur cîme, d'une blancheur éblouissante, se teint d'un rose vif, puis, peu à peu, cette nuance pâlit, s'efface, le crépuscule a succédé au jour et la nuit au crépuscule; mais si la lune se lève brillante et pure, le spectacle est magique.... ce sont des montagnes d'argent se dessinant sur un front d'azur constellé d'étoiles d'or.

IV

A l'extrémité de la baie et en revenant vers la rive où est bâtie la *maison de Rousseau*, la scène change encore : des bancs calcaires d'un gris sombre, strié de filets blancs, pierre qui acquiert le poli du marbre, surplombent le lac presqu'à pic, laissant à leurs pieds une étroite chaussée. Cet encaissement aride et sauvage, contraste par son âpreté avec les richesses de végétation des autres sites; opposition saisissante, car ce sinistre tableau, digne d'inspirer le génie d'un *Salvator Rosa*, est bientôt oublié pour l'un des plus ravissants paysages que l'on puisse rêver en Arcadie! c'est le bassin de l'antique abbaye de TALLOIRES (1).

Que l'on se figure une rive d'une fertilité surprenante, bordée d'arbres énormes, dont

---

(1) Pour jouir complètement de ce magnifique point de vue, il faut, en venant de Menthon, s'arrêter à une croix située au sommet de la route qui descend à Talloires, de là on embrasse tout le fond du lac; nous le répétons, c'est féérique, et nos grands paysagistes, les Gudin, les Cabat, les Duprez, les Rousseau, ignorent ces merveilles !

les basses branches trempent dans le lac. Cette terre promise, exubérante de cultures de toutes sortes, exposée au midi, et abritée de la bise du nord par le *Roc-de-Chère*, promontoire verdoyant qui fait face à la pittoresque presqu'île de *Duingt*, dont le beau château est entouré d'une futaie séculaire, cette terre promise jouit presqu'en toute saison d'une température aussi douce que celle de Nice, d'Hyères ou de Florence. La fraîcheur des ombrages, le bleu foncé des eaux, l'épanouissement précoce des floraisons, rappellent les contrées méridionales les plus fortunées.

Les ruines du vieux couvent des moines, pittoresquement groupées, avoisinent le bourg où naquit le savant *Berthollet*, l'illustre organisateur de l'Institut d'Égypte :

la coupole étincelante du clocher de Talloires couvert d'écailles de fer blanc, suivant la coutume du pays, miroite au-dessus des toitures de tuiles brunes : les montagnes dont cette partie de la baie est entourée, offrent de nouveau à l'œil des amphithéâtres de prairies veloutées, entrecoupées de grands bois de sapins, s'étageant jusqu'aux nues; au delà des premières rampes on voit scintiller, à travers les noyers, les chênes et les hêtres, le clocheton de l'église de Saint-Germain (1), située sur la route de *Montmin,* l'une des sommi-

---

(1) Nous sommes heureux de pouvoir exprimer ici à M. le curé de Saint-Germain notre bon souvenir de la cordiale hospitalité, que ce véritable disciple du Christ a bien voulu, sans nous connaître, nous offrir dans sa solitude.

tés boisées que domine la TOURNETTE, ce géant des Alpes.

Seule entre toutes ces hautes montagnes, collines auprès d'elles, *la Tournette,* élevée de plus de huit mille pieds au-dessus du niveau de la mer, cache presque toujours dans les nuages sont front aride, sourcilleux et dépouillé, ni un brin d'herbe, ni un brin de mousse ou de lichen ne végétant à une pareille hauteur; les tièdes brises du printemps ou les premières chaleurs de l'été ont fondu la neige des autres cîmes..... le front de la *Tournette* reste toujours neigeux. Le crépuscule du soir a peu à peu envahi les sommités de cette chaîne des Alpes, toutes sont noyées dans l'ombre, seul le front de la *Tournette,* étincelant comme un phare, reflète les derniers feux du soleil, depuis. longtemps disparu à l'horizon (1).

Au delà du bassin de Talloires, et en continuant le tour du lac, l'on admire encore les magnifiques ombrages du village de *Menthon*, où les Romains, toujours amoureux des beaux sites, avaient établi des bains (2). Vient ensuite l'entrée de la vallée qui se déroule au-dessous du vieux château

---

(1) L'on sait que les points les plus culminants d'une chaîne de montagnes restent les derniers éclairés par le soleil, en raison de leur élévation.

(2) La source chaude et sulfureuse des eaux thermales de Menthon existe encore, ainsi que plusieurs constructions romaines. Non loin des rives de Menthon, et dans la direction de la presqu'île de *Duingt* faisant face à la pointe ou promontoire du *Roc-de-Chère*, on voit encore, lorsque les eaux du lac sont basses, la première pile d'un pont projeté par les romains et qui devait réunir les deux rives du lac.

de Menthon, à la mine féodale et guerrière.

Enfin, faisant face à la rive opposée que domine le *Semenoz*, s'arrondissent les croupes de la montagne de *Veyrier*, accidentée, verdoyante, couverte de bois à sa cîme, de cultures et de vignobles à mi-côte, tandis qu'à ses pieds à demi caché dans les massifs de leurs jardins qui dominent le lac, on aperçoit quelques riantes villas (1), d'où

---

(1) Parmi ces jolies habitations, nous citerons celles de notre excellent hôte et ami M. *Massel*, ainsi que celles de M. *Jacques Replat*, avocat et de M. *Level*, syndic d'Annecy, ancien député, qui a donné tant de nobles gages de talent et de patriotisme à la cause démocratique et constitutionnelle; nous avons aussi remarqué l'habitation de M. *Ruphy*, qui a dessiné le parc de sa demeure, avec un goût parfait et ménagé ses points de vue avec beaucoup d'art; M. *Ruphy* est l'un des plus savants ingé-

l'on embrasse, ainsi que de la *maison de Rousseau*, le merveilleux panorama dont nous venons d'essayer de donner un croquis imparfait.

nieurs de la Savoie; son souvenir et celui de sa charmante famille, dont jamais nous n'oublierons l'aimable accueil, nous sera toujours précieux.

V

Vers le milieu du printemps de l'une de ces dernières années, quelques paysans de *Chavoire* (village situé non loin de la maison de Rousseau) virent passer à la tombée du jour, un homme d'une stature robuste, encore dans la force de l'âge, quoique sa barbe et ses cheveux fussent déjà gris; sa pâle figure profondément sillonnée par le chagrin, avait une remarquable expression d'énergie : modestement vêtu, portant un havre-sac, contenant son modeste bagage ; cet étranger traversa le village de Chavoire, puis, au bout d'un quart-d'heure de marche, remarquant les ruines de la maison de Rousseau, sa position solitaire, ses abords escarpés, il s'arrêta, et, appuyé sur un long bâton de voyage, demeura longtemps pensif, les yeux fixés sur cette masure isolée. Un paysan se trouvait sur la route, l'étranger lui dit :

— Mon ami, qu'est-ce que cette maison délabrée que je vois là-haut dans la montagne ?

— Monsieur, c'est la maison de Rousseau.

— De Jean-Jacques Rousseau?

— Oui, monsieur; on dit qu'il y venait dans les temps, et la maison a gardé son nom...

— Ainsi, — reprit l'étranger frappé d'une idée subitée, — cette demeure n'est occupée par personne?

— Non, monsieur, il ne reste que le toit et les quatre murs.

— Merci de votre renseignement, mon ami, — reprit le voyageur; — et après avoir encore suivi pendant quelque temps, au bord du lac, la route qui conduit de *Cha-*

voire à **Veyrier**, il s'orienta de son mieux, vers la maison de Rousseau, entra dans le vignoble cultivé sur la pente inférieure de la montagne, puis gravissant une rampe abrupte, il arriva au pied d'un mur de terrassement en ruine, couvert de lierre, de ronces, et construit de gros blocs de pierre moussue; il les escalada et se trouva sur un terre-plein rempli de décombres et d'herbes sauvages; à droite s'élevait la maison de Rousseau, ombragée par un taillis de chênes, enracinés entre de grandes roches grises qui semblaient former de ce côté la clôture d'un jardin abandonné; à travers une ouverture pratiquée dans une haie inculte, l'étranger remarqua un sentier sinueux et rapide, aboutissant à une petite vallée délicieuse, plantée de peupliers, de hêtres et de noyers; un ruisseau d'eau vive venant de la montagne et tombant de cascades en cascades, coulait sur un lit de cailloux avec un doux murmure.

Le voyageur, après avoir pendant un moment contemplé ce spectacle agreste, monta les marches disjointes d'un escalier extérieur à demi cachées sous les orties, les pariétaires, les fraisiers sauvages, et entra dans la maison où il ne vit ni portes ni fenêtres, la première pièce avait dû servir autrefois de cuisine, ainsi que l'annonçaient les ruines d'un vaste manteau de cheminée, noirci, charbonné comme l'âtre du foyer; le plafond, çà et là effondré, laissait apercevoir la charpente de la toiture, et, à travers une crevasse du pignon lézardé, le bleu du ciel et la verdure naissante du taillis de chênes;

un caveau taillé dans le roc, était creusé à l'un des angles de cette cuisine, séparée d'une chambre voisine par une porte vermoulue, la seule qui existât; l'étranger la poussa et pénétra dans une salle assez vaste, en quelques endroits il ne restait que les poutres transversales de son plancher à moitié détruit, au-dessous desquelles on voyait la noire profondeur d'une pièce souterraine; cependant, grâce à son plafond intact, la chambre supérieure, dans laquelle venait d'entrer le voyageur, pouvait offrir un abri contre la pluie; on lisait sur les murailles, dégradées par le temps, les noms d'un grand nombre de curieux visiteurs de la maison de Rousseau; quatre fenêtres sans carreaux ni châssis, deux ouvertes sur la façade et deux autres pratiquées dans les murs de retour éclairaient cette pièce, d'où l'on embrassait du regard le lac d'Annecy et ses rives.

L'étranger réfléchit assez longtemps après avoir visité ces ruines, où il se décida de passer la nuit; déposant près de lui son hâvre-sac, il en tira un morceau de pain, détacha sa gourde suspendue à son côté, s'assit sur le rebord de l'une des fenêtres, et commença son frugal repas en contemplant l'admirable paysage que nous avons tenté d'esquisser.

La nuit vint, la lune se levant radieuse derrière la cîme du mont Veyrier, jeta un sillage lumineux sur le sombre miroir du lac, où les étoiles se reflétaient comme des milliers de paillettes d'or; minuit sonnait au loin à l'église paroissiale d'Annecy, et l'étranger, encore assis au rebord de la fenêtre, restait absorbé dans ses pensées; mais tressaillant au tintement mélancolique et prolongé de l'horloge, il soupira, se leva, et, éclairé par la clarté de la lune qui projetait sa clarté à travers les fenêtres de la chambre ailleurs pleine de ténèbres, il adossa son hâvres-ac à la muraille, s'étendit sur le plancher avec l'insouciance du soldat au bivouac, appuya sa tête sur son sac de voyage, et fermant les yeux dans l'espoir de trouver le sommeil, il murmura d'une voix étouffée :

« — Oh! mon fils... mon Julien! mon pauvre enfant! »

VI

Trois mois s'étaient écoulés, depuis que le voyageur avait, pour la première fois, passé la nuit dans la maison de Rousseau, devenue depuis lors son asile habituel, si délabrée qu'elle fut.

Les habitudes sont encore en Savoie d'une simplicité primitive; les habitants du village voisin, s'inquiétèrent à peine de l'étrange existence de l'étranger; celui-ci se mit d'ailleurs, et de lui-même, *en règle* : le lendemain de son arrivée, il se présenta chez le *syndic* (le maire), et lui exhiba un passe-port en bonne forme, puis, s'informant du nom du propriétaire de la maison abandonnée, il lui écrivit et lui demanda, au nom de l'humanité, la permission d'habiter ces ruines inoccupées; le propriétaire accueillit cette demande avec la meilleure grâce du monde.

L'étranger, que nous appellerons Robert, chargea un paysan de Chavoire, de lui confectionner, selon la coutume du pays, un matelas de feuilles de maïs sèches, et de lui acheter à Annecy une couverture de laine ; le même paysan apportait chaque semaine à la maison de Rousseau, l'un de ces grands pains de douze livres, moitié froment, moitié seigle, qui se conservent frais jusqu'au dernier morceau. Le petit ruisseau de la vallée fournissait au solitaire une eau limpide, dont il remplissait chaque jour sa gourde : il blanchissait lui-même, et par un procédé fort simple, le peu de linge qu'il possédait, le plaçant, maintenu par quelques grosses pierres, au fond du lit du petit ruisseau qui avoisinait sa maison ; grâce au rapide courant de cette eau toujours renouvelée, le linge était ainsi lavé ; Robert l'exposait ensuite sur une haie, aux rayons du soleil.

Les habitants de Chavoire et de Veyrier,

après s'être quelque peu occupé de leur voisin, l'oublièrent bientôt, ils le voyaient d'ailleurs rarement ; dès l'aube il quittait sa demeure pour gravir les montagnes, et ne regagnait son gîte qu'après le coucher du soleil ; quelquefois encore, on apercevait Robert au faîte d'escarpements si périlleux, que les plus intrépides dénicheurs de nids d'aigles, osaient à peine le suivre du regard ; si par hasard les bûcherons le rencontraient dans les bois, il leur adressait un salut cordial ou les aidait à charger leur pesant fardeau ; mais ces rencontres étaient rares, l'étranger semblait surtout affectionner les cîmes environnées de précipices, sauvages solitudes où nul homme avant lui n'avait osé poser le pied.

VII

Un jour Robert, à la tombée du jour, regagnait la maison de Rousseau, il côtoyait l'un des profonds ravins dont est coupée la montagne de *Veyrier*, lorsqu'il vit descendre à travers les rochers supérieurs une jeune fille, portant sur sa tête une grosse gerbe de verdure qu'elle maintenait de ses deux bras relevés; son frais visage semblait plus gracieux encore, ainsi encadré de ces longues herbes, dont les fleurs agrestes, se mêlaient à ses cheveux blonds ou caressaient son cou et ses épaules: elle venait de traverser un ruisseau, ses jambes et ses pieds nus, encore humides, offraient la blancheur luisante du marbre mouillé; sa courte jupe, d'une grosse toile d'un gris violet, s'ajustait à un corsage de pareille étoffe, assez échancré, lacé par devant à la naissance du sein : ce vêtement, sans manches, laissait voir celles de la chemise, découvrant à demi les bras arrondis de la jeune fille, hâlés par le soleil; souple, agile, robuste, elle descendait de rocaille en rocaille d'un pas ferme et léger malgré le pesant fardeau dont elle était chargée.

Une chèvre et ses deux chevreaux suivaient cette jolie enfant, lorsqu'elle s'aventura dans un passage étroit, difficile, abrupt et semé de cailloux roulants, amenés par le ruissellement des eaux qui, lors des pluies d'orage après s'être creusé ce lit ou ce *gêt*, comme on dit dans le pays, affluaient à un profond ravin et de là tombaient en cascade d'une hauteur de deux cents pieds.

Cet escarpement, taillé presque à pic, ne se trouvait que quelque pas au-dessous du *gêt* où marchait la jeune fille ; aussi, au lieu de continuer de descendre par cette pente d'une rapidité effrayante et de se diriger ainsi vers le précipice, elle ralentit sa marche afin de prendre à sa droite le sentier transversal, où s'était arrêté Robert.

Soudain les chevreaux bondissent joyeusement derrière la jeune fille, veulent la devancer, la heurtent violemment et s'embarrassent dans ses jambes ; elle perd l'équilibre, les cailloux roulent sous ses pieds, un faux pas la pousse en avant, elle abandonne sa gerbe qui va tomber dans l'abîme où elle se voit entraînée à son tour, hors d'état de s'arrêter sur cette pente presque perpendiculaire.

Robert, croyant la pauvre enfant perdue, jette un cri d'épouvante, s'élance hors du sentier où il se tenait, et, se cramponnant à quelques aspérités du roc, se jette à genoux en travers du ravin, espérant ainsi faire obstacle à la chûte de la jeune fille emportée par un irrésistible élan... Robert réussit; son corps placé entre le précipice et elle, l'arrête brusquement, elle trébuche, se redresse, et, s'aidant de quelques branches du taillis qui borde le gêt, elle le remonte et gagne le sentier transversal ; puis là, debout, le sein palpitant, elle rajuste sous son peigne ses tresses blondes dénouées où restaient encore attachées quelques fleurs agrestes, et dit naïvement à Robert :

— Merci.... bien, merci bien! heureusement je retrouverai ma gerbe au bas du rocher. — Puis, sans que sa figure régulière et douce, légèrement colorée par l'émotion, trahit en rien l'effroi de la mort qu'elle venait de voir de si près, elle ajouta, s'adressant à Robert : — Vous demeurez, n'est-ce pas, dans la maison de Rousseau ?

— Oui, mon enfant.

— Moi, je m'appelle *Fanchette* et je suis d'auprès Chavoire, encore une fois, merci bien ! Je vas chercher ma gerbe !

Fanchette, appelant sa chèvre et les deux chevreaux dont la pétulance avait failli la tuer et qui broutaient alors paisiblement quelques pousses de hêtre, dit d'un ton d'amical reproche, aux capricieux animaux, en les flattant de la main :

— Oh ! les petits fous... les petits fous ! — puis les faisant marcher devant elle, la jeune fille descendit d'un pied leste et assuré le sentier tournant.

Robert vit plusieurs fois encore la jolie tête blonde de Fanchette, apparaître à travers les verdoyantes cepées et entendit sa voix, affaiblie par l'éloignement, répéter de temps à autre à ses chevreaux :

— Oh, les petits fous, les petits fous !

VIII

Le lendemain du jour où il avait sauvé la vie de Fanchette, Robert, rentrant le soir dans sa demeure, trouva sur l'appui de l'une de ses croisées, un beau rameau chargé de cerises et un petit panier de jonc rempli de fraises des bois ; à ces humbles présents, il devina la reconnaissance de la jeune fille; plusieurs fois encore, quoiqu'il ne l'eût pas revue depuis l'aventure du ravin, elle lui donna de nouveaux témoignages de souvenir; c'était tantôt un rayon de miel, ou un fromage de lait de chèvre enveloppé de feuilles de vigne, tantôt des fruits de la saison. Enfin, un soir il ne retrouva plus dans le ruisseau limpide, voisin de son logis, le linge qu'il avait laissé maintenu par quelques grosses pierres, mais il le vit en rentrant chez lui, placé sur l'appui de sa fenêtre et soigneusement repassé : ces attentions persévérantes, d'une délicatesse naïve et d'une touchante gratitude, émurent souvent Robert jusqu'aux larmes et adoucirent l'amertume de ses chagrins.

— Oh, mon fils! — se disait-il, — oh, mon Julien! tu n'aurais pas cherché dans la mort un refuge contre la honte, contre les tortures, contre le désespoir où t'a jetée cette horrible femme! ce monstre de perfidie et de cruauté! si à ton entrée dans la vie, pauvre enfant de dix-huit ans, tu avais rencontré une âme pure et candide comme celle de cette douce créature dont la reconnaissance fait deviner l'excellent cœur! Oh *Jean-Jacques!* toi qui as peut-être promené dans cette solitude où je vis aujourd'hui, les aspirations, les regrets, les douleurs infinies de la grande âme blessée jusqu'à la mort par l'injustice, l'ingratitude et la méchanceté des hommes! Jean-Jacques! mâle et sublime éducateur de la jeunesse! tu as écrit l'Émile pour prémunir les pères contre les dangers d'une éducation factice, menteuse ou subversive des lois impérissables de la nature! ce livre... je l'ai lu... comme un chef-d'œuvre d'art et d'éloquence, mais non comme un chef-d'œuvre de raison pratique! tes préceptes, si tendres, si sages, si profondément cherchés, étudiés et trouvés dans l'essence même des rapports qui doivent exister entre le père et le fils, tes préceptes, je les ai négligés!

— Aussi, malheur à moi! Il est venu ce jour où mon fils était sauvé s'il m'eût aimé au lieu de me craindre! s'il eût eu foi à mon indulgence au lieu de redouter ma sévérité! s'il m'eût ouvert son cœur au lieu de s'abandonner à un secret désespoir! mais non... j'ai cru devoir exagérer jusqu'à une apparente inflexibilité, le chagrin que me causait sa faute! je voulais le frapper d'effroi à son premier pas dans une voie mauvaise ; j'ai dépassé le but!

— Malheur à moi ! mon fils n'avait jamais connu de l'autorité paternelle que la rigueur austère ; le malheureux enfant aussi n'a confié son repentir qu'à la mort et à une lettre déchirante où il me disait les causes de son suicide !

— Et à cette heure ton corps est sans sépulture, ô mon Julien ! En vain dans un pèlerinage horrible, oh, horrible pour un père... j'ai remonté les bords du Rhône depuis Lyon jusqu'à Genève, où tu t'étais précipité dans le fleuve ; en vain j'ai sur ma route interrogé les riverains, espérant du moins retrouver tes restes ! Cette suprême consolation m'a été refusée... ton corps est englouti au fond de quelque gouffre...

— Sinistre pèlerinage ! il m'a conduit aux environs de ce pays ; lorsque je le traversais, frappé de l'aspect de cette solitude immortalisée par Jean-Jacques, je me suis dit :

« — J'ai méprisé les enseignements de
» l'un des plus grands génies dont se soit
» honoré le monde; Jean-Jacques, dans
» son ardent amour pour l'humanité, avait
» écrit l'Emile, l'évangile des pères et des
» mères ! En suivant ses lois, j'aurais as-
» suré le bonheur de mon fils, il eût été
» l'orgueil de ma vie !!! Mais, hélas ! j'ai
» méconnu tes préceptes, ô Rousseau ! la
« mort de mon enfant m'a puni, et j'expie-

» rai mon fatal aveuglement dans ces mêmes
» lieux où tu as peut-être médité l'EMILE ! »

— Et puis, habiter ici ou ailleurs, peu m'importe ! je traîne au hasard mon existence, désormais sans but, le séjour de Lyon me serait insupportable. Il est donc je ne sais quel charme fatal dans une douleur incurable, puisque je me résigne à vivre ?... vivre ! mon Dieu ! est-ce vivre ?... demander chaque jour un sommeil fiévreux à la fatigue qui me brise ! sonder la profondeur des abîmes pour trouver dans le vertige l'étourdissement passager de mes peines ! heureux lorsque parfois elles sont adoucies, comme elles l'ont été par la reconnaissance de cette enfant que j'ai sauvé de la mort ! Oh, oui, pourquoi à son début dans la vie, mon Julien n'a-t-il pas rencontré un de ces cœurs simples et purs qui n'inspirent que de nobles pensées, que de nobles actions... il ne se serait pas tué, il ne m'eût pas écrit cette lettre déchirante que je relis chaque jour pour déplorer mon inexorable sévérité! pour maudire l'horrible femme qui a poussé mon enfant au suicide!

Et Robert lisait, relisait encore les dernières lignes tracées par la main de son fils, à demi effacées déjà sous les larmes paternelles...

IX

—

Robert attendait avec impatience le retour de l'hiver ; il avait hâte de voir les feuilles jaunies, tomber des branchages au milieu d'un froid brouillard... il avait hâte de voir les sombres nuées chassées par la bise d'hiver obscurcir le ciel... la neige jeter sur la plaine et sur les montagnes son blanc linceul.

L'aspect de la *nature morte* plaît aux cœurs désolés ; les splendeurs d'une exubérante végétation, dorée par les rayons du soleil d'été, couronnée d'un ciel d'azur, irritent la douleur comme un défi qu'on lui porte : un deuil éternel remplissait l'âme de ce père au désespoir et autour de lui tout était joie, verdure, chants, parfums et lumière...... l'époque de la fanaison était venue...

Un soir, Robert regagnait sa demeure, recherchant, selon son habitude, les lieux solitaires et escarpés, il venait de parcourir la cime du mont *Veyrier*, lorsqu'après avoir traversé des bois de sapins et de hêtres, enracinés dans les crevasses du roc, il vit avec surprise se dérouler devant lui de vastes prairies, ombragées çà et là par des massifs de chênes et d'épicéas, véritable oasis, cachée entre deux mamelons et dont il est impossible de soupçonner l'existence à une pareille élévation, lorsque, au pied de cette montagne, on suit la route de Thônes ; du haut de ces pâturages on découvre un immense horizon, et, au-dessous de soi, à une énorme profondeur, on voit le lac, brillant comme un saphir, enchâssé dans ses rives d'un vert velouté (1).

Au moment où Robert arrivait à cette oasis,

---

(1) On peut se rendre dans ces hauts pâturages, appelés les près *Vernet*, par un chemin qui aboutit à la route de Thônes.

l'on fauchait les prés parfumés de mille fleurs alpestres de couleurs variées ; le pourpre, le blanc, l'orange, le bleu, le lilas confondaient leurs nuances; les senteurs pénétrantes de cette fanaison, embaumaient l'air vif et pur que l'on aspire au sommet des montagnes; la fraîcheur devenait délicieuse; de grandes ombres bleuâtres envahissaient peu à peu ces prairies glacées d'or, par les reflets du soleil à son déclin ; des femmes, des jeunes filles, coiffées de larges chapeaux de paille, pieds nus et bras nus, alertes, bruyantes, joyeuses, amoncelaient le foin en meulons ou le ramassaient avec des rateaux; soudain retentit non loin des gaies faneuses, le *Chant des Moissons*, chant d'une mélodie agreste, répété en chœur par des voies féminines.

Robert vit alors paraître au détour d'un bouquet d'arbres un charriot à quatre roues, traîné par deux belles vaches d'un blanc argenté, le lait gonflait leurs mamelles roses ; plusieurs verts rameaux de hêtre, ombrageant la tête, le poitrail et les larges flancs des deux paisibles animaux, les défendaient de la piqûre des taons ; ces feuillées donnaient au char rustique un air de fête ; quelques tiges fleuries de clématite sauvage, si abondante en ce pays, encore enchevêtrées par leurs vrilles, aux branchages qui se balançaient sur la tête des deux vaches, s'étaient, gracieux hasard, enroulées à leurs cornes, et, voilant à demi leur grand œil intelligent et doux, retombaient en grappes d'une neige odorante ; un homme, dans la force de l'âge, précédait la voiture, et, marchant parfois à reculons, guidait de la voix et du geste l'attelage, le touchant du bout d'une longue baguette sans aiguillon ; plusieurs jeunes filles, parmi lesquelles se trouvait Fanchette, debout et groupées dans le charriot vide qui venait prendre un nouveau chargement de foin, chantaient en chœur le Chant des Moissons; Fanchette reconnut Robert, lui sourit et lui cria de loin :

— Merci bien pour l'autre soir, au bord du ravin... vous savez ? merci bien... toujours...

Et elle continua d'unir sa voix à celles de ses compagnes.

Ce tableau paisible et riant contrastait

si cruellement avec la douleur de Robert, que, quittant brusquement la prairie, il disparut aux yeux des faneuses dont les chants retentissaient dans la montagne.

X

Robert, depuis l'aventure du ravin, n'avait rencontré qu'une fois Fanchette dans les hauts pâturages des prés *Vernet*. Un autre jour, traversant le village de Chavoire, à la tombée de la nuit, il revit la jeune fille; la pauvre maison qu'elle habitait avec sa mère veuve, et trois enfants orphelins, laissés par une proche parente, était située à peu de distance du village et ombragée par un noyer gigantesque; un cep de vigne couvrant de verdure les murailles délabrées, grimpait jusques aux tuiles moussues; un tronc d'arbre creusé comme les pirogues des peuplades indiennes, placé non loin de la porte du logis, servait, selon la coutume, de réservoir à un filet d'eau cristalline, elle venait de la montagne, et se déversait dans l'auge rustique, au moyen d'un long conduit de bois à demi caché sous terre.

Fanchette avait placé près du tronc d'arbre creux, un grand cuvier de bois blanc, et là, au milieu de leurs éclats de rire et de leurs ébats, elle baignait dans une onde limpide, attiédie par les derniers rayons du soleil qui s'y brisaient, les trois petits enfants de sa défunte parente; tous trois si jolis, si blancs, si roses, que c'était un charme de les voir se jouer à travers la transparence de l'eau, tandis que Fanchette leur disait gaîment, comme à ses chevreaux qui, à quelques pas de là, bondissaient et broutaient :

— Ah, les petits fous... les petits fous!

Robert, touché des soins maternels que la jeune fille donnait à ces enfants, s'arrêta et lui dit :

— Fanchette, je vous remercie des fruits et des fleurs que vous déposez souvent sur ma fenêtre.

— C'est bien le moins que je me souvienne de vous... puisque sans vous je serais morte.

— Vous aimez beaucoup ces enfants?

— Je les aime autant que j'aimerai les miens... si j'en ai!

— Vous pensez donc à vous marier, Fanchette?

— Certainement, et la Toussaint verra le jour de mes noces!

— Vous épousez quelqu'un du pays?

— Non, mon *promis* n'est pas d'ici; il passait par Chavoire au commencement de l'hiver, il était très pauvre et demandait de l'ouvrage ; ma mère l'a adressé à nos voisins, qui travaillaient à la carrière, là-bas, près de la *pierre-mal-tournée;* il a été ainsi occupé tout l'hiver ; le soir il venait avec nous à la veillée dans l'étable, où l'on s'assemble; il était si bon, si doux, si laborieux, si avenant à chacun, que tout le monde l'aimait; moi..... j'ai fait comme tout le monde, et nous nous épousons à la Toussaint.

— Et où est-il à cette heure, votre fiancé ?

— Un homme de *Pesay*, qui passait par ici ce printemps, l'a embauché pour aller travailler aux mines, où il gagne le double de ce qu'il gagnait à la carrière; aussi, quand viendra la Toussaint, il aura amassé de quoi nous mettre en ménage.

— Cette séparation a dû vous affliger?

— Oh oui! j'ai d'abord bien pleuré, ensuite je me suis fait une raison, je me suis dit : patience... il reviendra; d'ailleurs, voyez-vous, je n'ai guère le temps de rester là les bras croisés à me chagriner, et puis le travail a comme un charme qui vous console; il y a heureusement beaucoup à faire à la maison et dehors, sans compter ces trois chers petits démons qui me font courir autant que mes chevreaux! enfin quand je me sens malgré moi le cœur trop gros... j'embrasse ma mère... et ma peine s'en va...

— Votre fiancé est-il de votre âge?

— J'ai dix-sept ans... il en a bientôt dix-neuf; ma mère dit qu'il faut se marier jeune, pour avoir de bonne heure de grands enfants, qui vous aident bravement aux champs; je trouve, moi, que ma mère a raison.

— Dix-neuf ans! — se dit Robert avec amertume, — mon Julien aussi aurait bientôt cet âge!

Et, les yeux pleins de larmes, il s'éloigna brusquement de Fanchette qui, partageant la gaîté des petits enfants, riait comme eux de leurs ébats.

XI

Robert occupait la maison de Rousseau depuis quelques mois, lorsqu'un élégant coupé de voyage, venant de France et suivi d'un fourgon, traversa la ville d'Annecy et s'arrêta devant la porte de l'*hôtel de Genève*;

une jeune femme descendit du coupé derrière lequel se tenaient, sur un siége à capote, une camériste et un valet de chambre ; d'autres domestiques avaient leur place dans le fourgon de suite.

Le courrier de l'étrangère, richement galonné, chargé de commander les chevaux de poste sur la route, était arrivé depuis une demi-heure à l'hôtel où il avait fait préparer un appartement pour sa maîtresse : *madame la marquise d'Alfi.* Son passeport contenait le signalement suivant :

— *Noms et prénoms :* Gornelia Giovani, marquise d'Alfi.

— *Lieu de naissance :* Venise.

— *Age :* vingt-six ans.

— *Taille :* cinq pieds deux pouces.

— *Yeux :* bleus.

— *Cheveux et sourcils :* noirs.

— *Front :* haut.

— *Nez :* aquilin.

— *Bouche :* petite.

— *Menton :* rond.

— *Visage :* ovale.

— *Teint :* blanc.

— *Signes particuliers :* une petite mouche noire près du coin de la lèvre.

La marquise fit appeler le maître de l'hôtel et lui demanda s'il pouvait lui indiquer une maison meublée dans les environs d'Annecy, et située sur les bords du lac;

l'hôtelier répondit qu'il se renseignerait à ce sujet; quelques jours après, madame d'Alfi était, suivant son désir, établie dans une maison de campagne attenant au village de *Veyrier.*

Selon l'habitude presque générale du pays, une galerie, terrasse couverte, s'étendait sur toute la façade du premier étage et communiquait avec l'appartement par la porte vitrée du salon; des rosiers grimpants garnissaient les piliers de cette galerie, qui formait, à l'une de ses extrémités, un cabinet de verdure, grâce à deux panneaux de treillage, complètement cachés sous les pousses verdoyantes d'un cep de vigne : l'on découvrait de ce frais réduit, impénétrable aux rayons du soleil, les rives du lac et les **montagnes voisines.**

Un soir, peu de temps avant le déclin du jour, la marquise d'Alfi, assez affectionnée aux coutumes orientales, était à demi couchée sur plusieurs coussins placés au fond du cabinet de verdure.

Madame d'Alfi, ainsi que l'on a pu en juger par le signalement inscrit sur son passeport, était jeune, d'une beauté remarquable et d'une taille élevée; mais à ce signalement incomplet, nous ajouterons : — taille svelte et accomplie, larges épaules, pieds d'enfant, mains dignes d'une madone de Raphaël, port de tête impérieux, narines roses, gonflées, palpitantes à la moindre émotion, lèvres rouges et sardoniques, noirs sourcils arqués sur de grands yeux de cet azur étincelant dont l'acier est souvent trempé... physionomie saisissante, pleine d'audace et de passion, de hauteur et d'ironie.

Cornelia, lorsqu'elle ne sortait pas de chez elle, se plaisait, par caprice, à rappeler dans ses vêtements la mode orientale, elle portait ce soir-là des fleurs naturelles de jasmin et de grenadier, entremêlées dans les nattes de ses épais cheveux noirs enroulés à la grecque, autour de son front hardi ; sa soubreveste albanaise de taffetas orange, brodée de soie blanche, et garnie de courtes manches flottantes, tombait jusqu'aux hanches et découvrait le corsage d'une robe de mousseline de l'Inde, ornée de légères striures de fil d'argent tissés dans l'étoffe.

Madame d'Alfi, presque renversée sur ses

coussins, l'un de ses bras replié sous sa tête, les yeux demi-clos, balançant, au bout de son pied cambré, sa petite pantoufle turque de velours rouge ouvragé d'argent, regardait indolemment la légère et bleuâtre fumée d'une cigarette de tabac de Smyrne, qu'elle savourait lentement.

Faustine, camériste et confidente de Cornelia, brodait assise à quelques pas de sa maîtresse, qui, silencieuse et profondément absorbée, continuait d'aspirer l'arome du tabac turc : mais au bout de quelques instants, un long soupir souleva son sein ; elle se redressa, jeta brusquement loin d'elle sa cigarette allumée, mit un de ses coudes sur son genou, appuya son menton dans la paume de sa main et regarda le lac et les montagnes d'un œil fixe, presque sombre.

Faustine, entendant le soupir de sa maîtresse, releva la tête et dit :

— Vous soupirez, madame? je le savais bien moi, que vous regretteriez votre brusque départ de Paris, où vous étiez si fêtée, si admirée !

La marquise haussa les épaules et resta muette.

— Alors, madame, puisque vous ne regrettez pas Paris, vous regrettez donc que M. le comte Christian ne soit pas encore venu vous rejoindre ici ?

La marquise, toujours silencieuse, haussa

de nouveau et encore plus significativement les épaules.

— Excusez-moi, madame, — reprit Faustine, — je ne suis qu'une sotte ! en effet, si vous regrettiez Paris, est-ce que vous n'y retourneriez pas à l'instant ? est-ce que si vous regrettiez l'absence de M. le comte, vous n'iriez pas le retrouver à Florence ! Mais alors, madame, d'où vient votre souci ? vous ennuyez-vous dans ce pays, qui pourtant vous avait tant séduite l'année passée, en le traversant, qu'il y a huit jours, à votre retour de France, vous avez voulu vous établir ici pendant quelque temps ? votre goût a-t-il changé ? alors, qui vous empêche de revenir en Italie ? vos palais de Florence ou de Venise vous attendent ? grâce à Dieu, ainsi que vous le dites souvent, ma-

dame, — « depuis que vous avez l'âge de
» raison, votre volonté, quelle qu'elle soit,
» s'est toujours faite!.. » — ni homme, ni
femme, ni Dieu, ni diable, lorsque vous
voulez quelque chose d'humainement possible, ne peuvent empêcher que cela soit!...
vous êtes jeune, riche, belle, et par dessus
tout : veuve ! c'est-à-dire libre ! le monde
est à vos pieds ! dès que vous entrez dans un
salon, toutes les femmes ne quittent plus du
regard leurs adorateurs et même.... leurs
maris ! il n'est pas un homme que vous ne
puissiez rendre amoureux fou, et lorsqu'il
l'est devenu, vous le traitez de reine à esclave ! Ce pauvre M. le comte tyrannisait,
dit-on, la princesse Orsino, et devant vous,
il tremble, humble, craintif à faire pitié, lui
toujours si arrogant, si dédaigneux ! lui, de

qui les plus charmantes et les plus grandes dames quêtaient un regard! vous l'avez fasciné; s'il était ici vous l'enverriez, je crois, d'un geste, au bout du monde! dites un mot et vous le verrez accourir malgré les graves intérêts qui le retiennent encore à Florence! enfin, madame, de quoi vous affliger, puisque pour votre volonté il n'est pas d'obstacle?

— Tu te trompes... il en est un! — répondit en soupirant de nouveau Cornelia, qui, d'un air distrait, avait écouté sa camériste. — Il en est un... devant lequel ma volonté se brise.

— Et quel est, madame, cet obstacle?

— Une tombe!

— Comment?... une tombe.... — reprit Faustine avec stupeur, — de grâce, expliquez-vous, madame.

— Tais-toi! c'est assez, — répondit brusquement madame d'Alfi, et elle retomba dans sa rêverie que sa camériste n'osa plus interrompre.

La marquise resta longtemps pensive, toujours assise et repliée sur elle-même, soudain elle se releva brusquement en disant :

— Je deviendrai folle, si je reste ainsi des jours entiers dans l'inertie, face à face avec cette pensée qui m'absorbe et me domine... — Puis s'adressant à sa camériste : — J'ai mes habits d'homme ici?

— Oui, madame.

— Va me chercher le jardinier.

Faustine se leva, sortit et revint bientôt avec le jardinier.

XII

Claude, jardinier de la maison louée par la marquise, entra dans la galerie d'un air assez embarrassé, tenant de ses deux mains son large chapeau de paille et salua de son mieux.

— Claude, — lui dit Cornelia, — je voudrais parcourir les montagnes des environs.

— Madame la marquise, c'est bien difficile! les sentiers sont presque impraticables pour une dame. Il faut toujours marcher au bord des ravins et souvent on côtoie des précipices. Ah! si madame savait ce que c'est que ces passages si périlleux !

— Je veux le savoir. Dites-moi... comment appelez-vous cette montagne dont le faîte est presque toujours dans les nuages... et sur laquelle il a tombé dernièrement de la neige quoique nous soyons au commencement de septembre ?

— Cette montagne, madame, s'appelle la *Tournette.*

— C'est surtout là que je veux aller.

— Ah! mon Dieu, — s'écria le jardinier en joignant les mains avec effroi — est-il possible!

— Qu'avez-vous, Claude?

— Monter à la *Tournette,* madame! — Et le bonhomme joignit de nouveau les mains. — A la *Tournette!*

— Sans doute.

— Mais, madame, il n'y a pas dans le village dix hommes qui aient eu le courage de monter au faîte de la *Tournette,* et pourtant presque tous les gens de Veyrier ont l'habitude d'aller au bois dans des endroits très-dangereux. Mais à la *Tournette*.... ce sont précipices sur précipices ; il faut même en cette saison marcher sur des pentes couvertes de neige et de glace, et pour peu que le pied ou la tête vous manque un instant, on est perdu.....

— Oh, oh, voilà qui me ravit... Claude, où trouverai-je un guide?

— Comment, madame la marquise, vous voulez...

— Claude, où trouverai-je un guide?

— Puisque madame désire absolument parcourir les montagnes, elle ne pourrait avoir de meilleur guide que l'homme de *la maison de Rousseau*, s'il consentait toutefois à....

— Il consentira... Quel est cet homme?

— Un pauvre diable à barbe grise ; il demeure par charité dans une masure ; il court les montagnes du matin au soir et il va souvent dans des endroits où les plus hardis n'ont osé aller avant lui.

— Voilà le guide qu'il me faut. Prévenez-le ce soir, afin que demain matin il vienne ici prendre mes ordres ; je le payerai autant qu'il le voudra.

— Le difficile est, madame, de le trouver; il part avant le point du jour, et ne revient souvent que fort tard ; mais j'irai cette nuit à deux ou trois heures du matin, à la maison de Rousseau et si je n'y rencontre pas notre homme cette fois-ci, j'y retournerai demain. Seulement, pour l'amour de Dieu, madame la marquise, n'allez pas à la *Tournette,* il y a bien assez d'autres montagnes à visiter sans celle-là.

— Je veux absolument, que ce guide soit ici demain matin.

— J'y tâcherai, madame, — répondit Claude, et il sortit.

— Je sais, madame, qu'il est complètement inutile de se permettre la plus légère observation lorsque vous avez résolu quelque chose, — s'écria Faustine avec une expression de surprise et d'alarme, après le départ du jardinier; cependant je ne peux m'empêcher d'être effrayée des dangers auxquels vous voulez vous exposer et de vous supplier de...

— Allume-moi une cigarette, — répondit la marquise en se recouchant sur ses coussins. — Et que mes habits d'homme soient prêts pour demain matin!

XIII

Claude, selon la recommandation de la marquise d'Alfi, se rendit avant le jour à la maison de Rousseau; il y trouva Robert prêt à partir pour ses courses accoutumées.

— Mon brave, — lui dit Claude, — voulez-vous gagner quelques bonnes journées ?

— Qui êtes-vous, mon ami ?

— Je suis le jardinier de la maison louée à Veyrier par madame la marquise *Cornelia d'Alfi*, qui m'envoie vers vous.

A ces mots, le long bâton de voyage que tenait Robert s'échappa de ses mains; il devint livide, trembla de tous ses membres et fut obligé de s'appuyer aux linteaux de la porte sur le seuil de laquelle il se trouvait; l'aube à peine naissante n'avait point encore dissipé les ténèbres de la nuit, Claude ne remarqua pas la subite altération des traits de l'habitant de la maison de Rousseau et reprit :

— Vous ne me répondez pas, mon brave homme? Je vous offre cependant une belle occasion de gagner quelques journées? Cette dame est très généreuse, elle voudrait parcourir nos montagnes... elle m'a demandé un guide... alors.... j'ai pensé à vous qui passez votre temps à courir le pays comme un vrai chamois.

— Mon Dieu ! — murmura Robert en se jetant dans sa chambre encore pleine de ténèbres et cachant entre ses mains son visage blême et contracté. — Elle !..... elle !...

— Vous n'en revenez pas d'étonnement, mon brave homme ? ni moi non plus, c'est à ne pas le croire ! une belle dame, une marquise courir la montagne comme nos femmes qui vont au bois ou à l'herbe, mais que voulez-vous ? c'est son idée... Pourtant je l'ai prévenue que c'était très périlleux, ces courses-là, quand on n'en a pas l'habitude.. car enfin on risque de tomber dans un précipice et d'y laisser ses os... mais...

Claude fut interrompu par une soudaine exclamation de Robert, exclamation dont l'accent fut si étrange, que le jardinier s'interrompit fort surpris, puis il ajouta :

— Vous m'avez fait peur ! quel cri vous avez poussé... qu'avez-vous donc, mon brave? Ah ! j'y suis ! vous frémissez en songeant à quels dangers cette dame s'expose si elle s'entête à parcourir les montagnes? Il y a bien de quoi trembler ! Est-ce qu'elle ne s'est pas imaginée d'aller à la *Tournette ?*

Est-ce croyable ? ne faut-il pas avoir le diable au corps ! après tout, elle vous croira mieux que moi, vous qui serez son guide... et vous saurez bien la faire renoncer à une pareille folie ! mais voici le jour... Voulez-vous venir avec moi, madame la marquise m'a dit de vous ramener ?

Le jour en effet commençait à poindre; les hautes cîmes du *Semenoz* dessinaient vaguement leurs masses noires sur la transparence du ciel crépusculaire, le lac, jusqu'alors presque perdu dans les grandes ombres projetées par les montagnes, apparaissait comme une nappe bleuâtre; un vent frais, précurseur du lever du soleil, agitait faiblement les arbres trempés de la rosée nocturne, et apportait les senteurs pénétrantes des foins coupés, encore entassés dans les prairies.

Robert parvint à dominer ses ressentiments, pendant que le jardinier parlait, et lorsque celui-ci, aux premières clartés de l'aube put distinguer les traits de son interlocuteur, il n'y remarqua ni émotion, ni trouble et reprit :

— Hé bien ?... m'acoompagnez-vous chez madame la marquise ? elle veut commencer dès aujourd'hui ses promenades.

— Mon ami, quel âge a cette dame ?

— Par ma foi, voilà une drôle de question ! — dit Claude en riant. — Est-ce que vous avez peur que madame la marquise veuille vous embrasser malgré vous dans la montagne ?

— Je vous demande l'âge de cette dame, afin de savoir si elle est en état d'entreprendre de longues courses et de braver la fatigue ?

— Oh, quant à cela, rassurez-vous; ce n'est pas son âge qui l'empêchera de marcher, elle doit avoir tout au plus de vingt-cinq à vingt-six ans, elle est très grande pour une femme. Elle a une taille à tenir dans les dix doigts et par là-dessus elle est belle ! mais belle à éblouir ! ses yeux sont bleus, et ses cheveux noirs ? Voilà qui est rare !

— C'est elle !... plus de doute, — se dit Robert. — Puis il ajouta tout haut : — Et cette dame est seule à Veyrier ?

— Oui, pour le moment.

— Elle attend donc quelqu'un ?

— J'ai entendu dire aux domestiques que M. le comte Christian, un ami de madame la marquise, devait venir bientôt la retrouver.

— Lui aussi ! — pensa Robert et il reprit : — Je vous fais ces questions, mon ami, parce qu'il me semble assez surprenant qu'une jeune dame se confie ainsi à un guide qu'elle ne connaît pas.

— Elle vous connaît en cela que je lui ai dit que vous étiez un brave homme et que vous aviez la barbe grise. Ah ça, voyons, est-ce décidé ? Est-ce oui ? Est-ce non ? me suivez-vous ?

— Pas aujourd'hui.

— Pourquoi ?

— Cela m'est impossible... mais demain matin je serai à Veyrier, prêt à conduire cette dame partout où elle voudra.

— Pas à la *Tournette*, j'espère !

— Soyez tranquille, je serai prudent.

— Ainsi vous ne pouvez pas venir avec moi aujourd'hui ?

— Non.

— C'est dommage, demain le caprice de madame la marquise sera peut-être passé et vous aurez perdu une bonne aubaine. Enfin, à demain, c'est convenu ?

— Oui.

— Vous n'aurez qu'à demander dans le village la maison louée par la marquise, tout le monde vous l'indiquera. Il y a quatre girouettes de fer blanc sur le toit, vous les verrez de la route.

— Je reconnaîtrai la maison; je vous remercie, mon ami, d'avoir songé à moi... demain matin je serai à Veyrier aux ordres de cette dame.

— A demain donc, — répondit Claude, et il quitta la maison de Rousseau.

XIV

Robert, après le départ du jardinier, parut saisi de vertige, la lumière du jour de plus en plus radieuse, lui devenant insupportable, il s'élança d'un bond dans le petit caveau creusé à l'angle de la première pièce où l'on entrait, et là, à plat ventre sur le roc, au milieu des décombres, fermant les yeux étreignant sa chevelure inculte entre ses mains crispées, poussant des sanglots convulsifs, il criait d'une voix entrecoupée :

— Mon fils ! mon Julien ! Elle est ici ! mon pauvre enfant ! elle est ici cette femme, ce monstre qui causa ta mort ! Oh, mes plaies se ravivent ! et de nouveau mon cœur saigne ! mes entrailles de père se déchirent ! Elle est ici ! elle attend son complice ! l'autre bourreau ! mon Dieu !... me vaincre en la voyant, cette créature ! je ne pourrai pas ! elle devinera tout de suite que je suis le père de sa victime ! Elle ne me connaît pas; et j'en suis certain, épouvantée à mon aspect... elle criera : Au secours ! La tuer à coups de couteau ! je n'oserai jamais ! le sang ! oh... le sang ! et pourtant, ils t'ont tué, eux, mon pauvre enfant ! et l'assassin qui n'a tué qu'une fois ! on le tue... et eux, ils t'ont fait souffrir mille morts ! la loi ne les punit pas, ces meurtres riants, coquets et parfumés ! je les punirai, moi ! Bourreaux ! Dieu vous jette sur ma route... à mon tour je serai votre bourreau ! Mais jusque-là dissimuler ! vaincre l'horreur que m'inspire ce monstre ?... c'est impossible !!... impossible ? Oh, misérable père ! lâche père ! tu pleures !.... tu ne sais que pleurer, et encore ta douleur... tu l'étourdis en cherchant le vertige au fond des abîmes ! ou en te brisant de fatigue pour trouver l'oubli dans le sommeil. Mais ton fils ? ton fils ? son corps, sans sépulture, gît dans quelque gouffre du Rhône ! cet homme et cette femme qui ont poussé ce malheureux au suicide ? Dieu te les envoie et le sang te fait peur ?... Hé bien, non, pas de sang ! Pourquoi du sang ? est-ce qu'ils n'ont pas tué mon enfant sans le faire saigner ? allons... du calme... raisonnons... Cette femme est ici... sous ma main ! elle attend son complice ! ils ne me connaissent pas : ils ne se défieront pas de moi, ils veulent courir la montagne... je les conduirai... oh, je sais bien où... Je les conduirai, moi !... là, je serai seul avec eux d'eux, entre le ciel et l'abîme !! un mouvement... et, du haut du roc, je verrai leurs deux corps tournoyer dans l'espace... Ah, ah, ah, — ajouta Robert avec un éclat de rire convulsif et délirant, — il est si profond le précipice que je connais, qu'avant de s'y aller briser, leurs deux corps, lancés à perte de vue, me paraîtront à peine de la taille d'un enfant qui vient de naître (1). Oui, oui, si rapide que soit leur chute, telle est la profondeur du vuide, qu'ils auront le temps de se voir tomber ! Épouvantable supplice !... et puis, j'irai les rejoindre !! mais cette vengeance ? pour l'assurer, il faut attendre, dissimuler pendant quelques jours, pendant un mois, qui sait ? Mon Dieu ! mon Dieu ! mais est-ce possible ? mais voir cette femme en face ! mais entendre sa voix ! mais me dire : ces yeux, cette voix ont fasciné mon enfant ! sur ce visage, d'une beauté fatale, il a lu

(1) Cette illusion d'optique est singulière : une pierre de deux ou trois pieds cubes, lancée dans un abîme de cinq ou six cents pieds de profondeur, semble diminuer tellement de volume, à mesure qu'elle tombe, qu'au bout de quelques secondes, elle semble grosse à peine comme un petit caillou.

l'arrêt de sa mort ! me dire cela... et rester calme devant ce monstre ! ne pas l'étrangler de mes mains ! ne pas l'écraser sous mes pieds comme une vipère ! est-ce que je pourrai m'en empêcher, moi ! et je dis que le sang me fait peur ? ce n'est pas vrai !... ce n'est pas vrai ! en ce moment... si elle était là... je le verrais couler son sang avec une joie féroce !... Pourtant... tuer cette femme... c'est pour moi l'échafaud ! Hé bien, oui, l'échafaud !!! Mais égorger une créature faible... désarmée... non, jamais ! alors l'autre vengeance ! Eux d'abord... et moi ensuite. Et si je ne peux vaincre l'horreur que m'inspire la vue de cette femme ? alors que faire ? que faire ? Oh, ma tête se fend... je deviendrai fou... je deviens fou... mon front éclate ! du jour, de l'air, de l'espace...

Et ce malheureux, en proie à un vertige furieux, s'élança hors du caveau, sortit de la *maison de Rousseau*, l'œil égaré, la figure livide, effrayante, gravit haletant un sentier ardu à travers les bois de Veyrier, dans la direction de *Talabas*, atteignit et traversa ce plateau élevé, d'où l'on jouit d'un panorama merveilleux, gagna par une étroite corniche, semée de cailloux roulants, serpentant aux flancs de la montagne, un gîte dangereux, et là, montant de roc en roc, il atteignit les prés *Vernet*, laissa derrière lui cette délicieuse oasis de verdure et d'ombrage, cachée entre deux mamelons, poursuivit sa course folle, et, continuant son ascension, s'engagea dans un sentier à peine praticable, au milieu des roches et des bois, qui, couronnant le mont Veyrier de l'autre côté du lac, dominent la route de *Thônes* et la ravissante vallée de *Naves*, où le Fier, torrent impétueux, a creusé son lit.

Robert, en s'élevant dans ces régions, sentait ses poumons se dilater, les artères de ses tempes battre à se rompre, ses oreilles bourdonner sourdement... En proie à une sorte d'ivresse, il croyait voir l'immense horizon qu'il embrassait, prairies, bois, guérets, villages, torrent, collines et vallons, tournoyer au-dessous de lui dans le vide : les montagnes qu'il apercevait à ses pieds semblant s'affaisser, découvraient, à ses yeux, d'autres cîmes qui, s'aplatissant à leur tour, démasquaient de nouvelles sommités, puis d'autres encore, et toujours ainsi à mesure qu'il montait ; arrivant enfin à la crête du mont Veyrier, où la végétation disparait, dans un chaos de roches grises, coupées de crevasses et de puits naturels, Robert tomba, anéanti, brisé, mais aspirant par tous les pores cet air subtil et raréfié, rendu presque glacial par la bise du nord qui soufflait avec force. L'impression du froid calma l'embrâsement de son sang, les battements désordonnés de son cœur se réglèrent, et au déchaînement de ses esprits succéda peu à peu une sorte de calme...

Robert, se relevant alors de l'endroit où il était tombé épuisé, gagna d'un pas ferme le rebord de la montagne élevée à pic du côté du lac, que le regard embrasse de cet endroit dans toute son étendue, depuis *Annecy* jusqu'à *Talloires*, en plongeant par dessus le promontoire du *roc de Chère*. Enfin, presque à la base du mont *Veyrier*, le village de ce nom apparaissait à une profondeur énorme; la maison habitée par la marquise d'Alfi se distinguait à ses quatre girouettes de fer blanc, brillant au loin comme des paillettes lumineuses. Robert la reconnut, et debout à la cîme de ce rocher de deux ou trois mille pieds d'élévation, il contempla longuement la demeure de Cornelia, puis, après un geste de malédiction, il tira de son sein et relut cette dernière lettre de son fils, lettre cent fois relue et cent fois arrosée des larmes paternelles :

Genève. 7 heures du soir.

« Mon père,

» Pardonnez-moi la peine que je vais vous causer; vous regretterez moins ma mort que mon opprobre.

» Sachez la cause de ma honte, sachez la cause de ma mort.

» Après m'avoir mandé à Genève d'où vous êtes reparti ce matin, vous m'ordonnez d'aller vous rejoindre à Lyon où vous m'attendez... Je ne saurais, mon père, vous obéir, mon sang se glace à la seule pensée du terrible et juste accueil qui m'est réservé...

» Quand vous aurez lu cette lettre, peut-être au lieu de me maudire... me plaindrez-vous !

» Vous ne savez la vérité qu'à demi... la voici tout entière... Autrefois, vous avez souvent loué ma sincérité, pourquoi mentirais-je à ma dernière heure ?

» Il y a environ six semaines, peu de

jours avant votre départ pour Genève, j'ai été envoyé par mon patron chez une de ses clientes : madame la marquise d'Alfi. Lors de ma première entrevue avec cette dame, elle m'accueillit avec une incroyable bonté, malgré l'obscurité de ma condition; je fus aussi surpris que touché de sa bienveillance. Elle demeurait avec un de ses amis, M. le comte Christian, un frère pour elle, me dirent-ils tous deux plus tard; il se montra aussi tout d'abord pour moi d'une affabilité cordiale, presque affectueuse; à l'étonnement que me causait cet accueil inattendu, M. le comte répondit qu'il cédait toujours à ses impressions sympathiques ou antipathiques, et que bien qu'il ne me connut pas, il ressentait pour moi de l'intérêt; je le crus dans quel but m'aurait-il trompé ?

» La beauté extraordinaire de madame d'Alfi, me causa, je vous l'avoue, mon père, une impression profonde; dans mon trouble je n'entendais rien, je ne voyais rien, je pouvais à peine balbutier quelques paroles; madame la marquise eut pitié de mon embarras, son indulgence, la douceur de sa voix et de son regard, redoublèrent ma confusion; ses instances et celles de M. le comte Christian à m'engager de revenir souvent les voir dans l'intimité, pour les entretenir des intérêts dont ma patron devait me charger, achevèrent de me tourner la tête; aussi, lorsque je sortis de chez madame d'Alfi, reconduit jusqu'au perron par M. le comte, et que je montai dans la voiture qui, par ordre de cette dame, devait me reconduire à Lyon, je me croyais le jouet d'un songe;

je me demandais à quel titre un pauvre clerc de notaire était reçu avec une pareille distinction.

» Le soir, en dînant avec vous, mon père, j'étais préoccupé, à la fois heureux et tourmenté; mon cœur se serrait, mon aventure du matin me semblait inexplicable, presque inquiétante, j'avais envie de pleurer; je ne me rendais pas encore compte de mes sentiments pour madame d'Alfi : cependant je pressentais vaguement un danger; au milieu de mes perplexités, la pensée me vint de tout vous confier, mais vous m'imposiez tellement que j'hésitais, j'allais peut-être céder à ma bonne inspiration, lorsqu'une remarque sévère de votre part, sur mes distractions, qui ne pouvaient vous échapper, retint mon aveu sur mes lèvres.

» Ce soir-là, vous m'avez appris votre prochain voyage à Genève ; votre absence, dans ces circonstances, je vous le jure, mon père, m'effraya d'abord... je me voyais seul, sans conseil, sans appui, au moment où j'avais sans doute besoin d'être sauvegardé par la vigilance de votre autorité; à ce premier mouvement, je ne vous le cache pas, pardonnez-moi ce mauvais sentiment, succéda la satisfaction de n'avoir plus à rougir, à trembler, à me taire devant vous, au sujet d'un secret que mon manque de franchise ou de courage m'empêchait de vous révéler.

» Le jour de votre départ, vous m'avez appelé dans votre chambre, vos recommandations sur mes devoirs pendant votre absence, ont été graves, austères comme vos adieux; jusqu'à ce moment je ne vous avais jamais quitté : je me suis jeté dans vos bras en fondant en larmes, je ne pouvais me détacher de vous, mon émotion vous a gagné, vous m'avez pressé fortement sur votre poitrine et vous m'avez dit, avec un accent de tendresse, d'abandon que je n'avais jamais remarqué dans votre voix :

» — *Cher... cher enfant... ne t'affliges pas ainsi !...*

» O mon père ! ces mots, leur expression, les larmes qui remplissaient vos yeux, votre étreinte, ce tutoiement que vous m'adressiez pour la première fois de ma vie, me remuèrent jusqu'au fond du cœur, je me sentis sauvé !! Résolu de vous confier mon secret, je m'écriai :

» — Je t'en supplie... ne pars pas...

» A ce tutoiement familier, le seul que je me sois jamais permis envers vous, mon père, à ce tutoiement appelé par le vôtre, vos traits sont devenus soucieux, mécontents, j'ai compris que je vous avais manqué de respect, je n'ai plus osé vous regarder, j'ai de nouveau reculé devant un aveu, et vous m'avez dit en me quittant :

» — Julien, n'oubliez pas mes recommandations et mes ordres; votre conduite, je n'en doute pas, sera ce qu'elle doit être pendant mon absence, j'espère à mon retour n'avoir pas à sévir... Adieu, mon fils.

» Vous êtes parti, mon père, et je suis resté seul, ne croyez pas que je vous aie accusé d'insensibilité, de dureté, oh non ! dans mon intérêt même, vous croyiez devoir comprimer l'élan de votre tendresse et la voiler sous des dehors imposants, afin d'éviter entre nous une familiarité, à vos yeux, dangereuse ! Enfin... et ici la honte et le remords font trembler ma main, vous m'avez, au moment de me quitter, donné une preuve d'estime et de confiance en me chargeant de recouvrer pour vous une somme d'argent pendant votre absence...

XV

« Je ne dépasserai pas les bornes du respect que je vous dois, mon père, en entrant dans de longs détails au sujet de mon funeste amour, cependant, permettez-moi de vous instruire des faits qui ont causé mon opprobre et qui vont causer ma mort.

» Maître de mes soirées, après votre départ, j'allai souvent chez madame d'Alfi, je devins éperdument épris d'elle sans oser le lui dire, son affabilité pour moi semblait chaque jour s'accroître, elle parvint à vaincre ma timidité, et à me mettre de plus en plus en confiance. Hélas, pouvait-il en être autrement? elle m'interrogeait avec un si touchant intérêt sur ma première jeunesse, sur vous, mon père, sur ma mère que je regrettais toujours cruellement, sur mes projets d'avenir! Alors je lui racontais ma vie, humble, laborieuse et simple, comme devait l'être mon avenir; je trouvais un grand charme à m'épancher ainsi, madame d'Alfi ne m'intimidait plus, à ce point de jeter un trouble insurmontable dans mon esprit; je m'étonnais de pouvoir causer parfois de longues heures avec elle : si vous saviez d'ailleurs combien sa conversation était attachante ! elle possédait une instruction rare, je crois, chez une femme; elle me posait souvent des questions de morale élevée, je répondais selon vos préceptes, mon père, et madame d'Alfi me louait de mes réponses avec tant de délicatesse, qu'elle me donnait, non de l'orgueil, mais le désir de mieux mériter ses louanges. D'autres fois elle faisait de la musique, le peu que j'en sais, me permettait du moins d'admirer le rare talent, l'admirable voix de madame d'Alfi ; quoique Vénitienne, elle préférait la musique allemande, Mozart surtout, et quand elle chantait du Mozart...

» Pardon, mon père, ne vous irritez pas de ces détails... hélas, si je suis devenu insensé, il me faut bien vous apprendre ce qui a causé ma folie... Que vous dirai-je ? Après ces soirées où madame d'Alfi m'avait tour à tour ébloui par sa beauté, charmé par son esprit et par ses talents, je m'en allais plus enivré, que jamais; tel était mon aveuglement que j'avais fini par me persuader que, touchée de ma jeunesse, madame d'Alfi s'intéressait sincèrement à moi ; cet intérêt, je ne voulais pas le compromettre par l'aveu d'un amour non moins fou que ridicule, et puis je me trouvais si heureux ! combien j'étais surpris d'avoir redouté ces douces relations qui semblaient me rendre meilleur, redoubler en moi le sentiment du beau, du juste, du bien; oh, je n'avais pas alors, croyez-moi, mon père, une seule pensée indigne de vous être confiée ! Telle était ma situation auprès de madame d'Alfi, lorsqu'un jour le comte Christian me dit :

» — Mon cher Julien, vous connaissez ma franchise, je fais appel à la vôtre, ma sœur (il appelait ainsi madame d'Alfi), ma sœur vous aime.. l'aimez-vous ? et si vous l'aimez, vous sentez-vous capable de faire son bonheur ?

» Je restai muet et pétrifié, ne pouvant croire à ce que j'entendais. A ce mouvement, madame d'Alfi entra, le comte lui dit :

» — Cornelia, je viens d'apprendre à Julien que vous l'aimez... il ne peut ou ne veut pas me croire, et il ne me répond rien quand je lui demande si à son tour il vous aime.

» — Christian — répondit madame d'Alfi en souriant — vous êtes indiscret, et d'ailleurs lors même que j'aimerais M. Julien... est-ce donc une raison pour qu'il partage ce sentiment ? S'il en était ainsi, ne saurait-il pas me prouver son affection ? il est tant de manières de témoigner que l'on aime !

» Et madame d'Alfi sortit brusquement, je ne la revis pas de cette soirée.

XVI

—

» Du moment où le mot d'amour fut prononcé entre moi et madame d'Alfi, je ne connus plus que des alternatives de joie céleste et de douleur horrible; tantôt plus tendre, plus enchanteresse que jamais, madame d'Alfi me disait qu'elle m'aimait, et alors j'avais le ciel dans l'âme ! tantôt, au contraire, sardonique et hautaine, elle me demandait si j'étais assez simple ou assez audacieux pour oser croire qu'une femme comme elle pût descendre jusqu'à moi... Alors, en proie au désespoir, ne pouvant étouffer mes sanglots, je voulais m'éloigner, mais un mot, un regard de madame d'Alfi me ramenait à ses pieds; elle parvenait à me persuader que ses brusqueries, ses dédains, ses caprices n'avaient d'autre cause que la violence d'un amour qui la dominait, et contre lequel souvent elle se révoltait, craignant de ne pas trouver en moi toutes les garanties de bonheur désirables; ainsi, flottant tour à tour entre l'espérance et le désespoir, j'éprouvais chaque jour des joies ou des tortures nouvelles, tant madame d'Alfi mettait de naturel à feindre ces impressions si brusquement contraires, qui, disait-elle, bouleverseraient sa vie : souvent elle prétendait que je ne l'aimais pas, alors M. le comte Christian s'écriait qu'elle se trompait, que j'étais capable de prouver mon amour, et il me proposait de le témoigner par les preuves d'affection les plus bizarres auxquelles je me soumettais avec délices, assez aveuglé pour ne pas m'apercevoir du ridicule amer dont je me couvrais; non, dans ces épreuves, souvent grotesques, je ne voyais qu'un occasion de montrer à madame d'Alfi mon dévoûment pour elle, et ces occasions je les saisissais avec ravissement.

» Pardonnez-moi, mon père, dans un moment si grave d'insister sur des puérilités, elles vous feront sourire de pitié, mais, hélas, ces détails pourront seuls vous expliquer la profondeur de mon aveuglement, et aussi la profondeur de mon désespoir lorsque mes yeux se sont ouverts.

» Ainsi, M. le comte disait à sa sœur (il appelait toujours ainsi madame d'Alfi devant moi) :

» — Vous me dites que Julien ne vous aime pas ?... ordonnez-lui de prendre, pour l'amour de vous, au feu de la cheminée, un charbon ardent, et de le tenir dans sa main, vous verrez qu'il s'empressera de vous obéir... Vous dites que Julien ne vous aime pas ? ordonnez-lui, par le temps affreux qu'il fait ce soir, d'aller, pour l'amour de vous, à une lieue d'ici, au village de Monteil, vous chercher un pigeon blanc et de vous le rapporter en vie...

» Je m'arrête, mon père ; je ne m'appesantirai pas davantage sur ces détails, ils sont, je le répète, d'un ridicule amer... Ai-je besoin d'ajouter que je prenais le charbon ardent dans ma main ! vous auriez pu y voir la cicatrice d'une brûlure récente. J'allais aussi au village par une nuit de pluie et de tempête, à travers des chemins effondrés, au milieu desquels je tombais vingt fois, pouvant à peine me guider à travers les ténèbres, mais ruisselant d'eau, couvert de boue, je rapportais triomphant au salon .. le pigeon blanc !

» Un sourire, un regard de madame d'Alfi, me faisait oublier ma souffrance ou ma fatigue, et j'étais ravi lorsqu'elle disait d'une voix attendrie, après quelqu'une de ces grotesques épreuves :

» — Vous avez raison, Christian, je crois que M. Julien m'aime véritablement.

» O mon père ! ces seuls mots : *pour l'amour de madame d'Alfi* m'auraient fait braver la mort, et une fois... je l'ai bravée...

» Nous allions, ce jour-là, visiter une maison de campagne près de Lyon, nous marchions à pied, la voiture de madame d'Alfi nous suivait, le comte lui donnait le bras, deux officiers d'un régiment de cavalerie en garnison dans la ville venaient à notre rencontre.

» — Ma chère Cornelia — dit le comte

— vous doutez toujours de l'amour de Julien ; je gage, moi, qu'il vous aime assez pour aller, comme un preux chevalier, défier insolemment ces deux officiers en l'honneur de sa dame ?

» — Vous êtes fou ! Christian — répondit-elle en haussant les épaules — M. Julien n'a jamais manié que la plume dans son étude de notaire, et vous croyez que, pour l'amour de moi, il irait affronter ces gens d'épée ?

» Madame d'Alfi n'avait pas achevé ces mots, que je m'élance à la rencontre des officiers et me croisant les bras je leur barre le passage en les toisant d'un air provocateur ; l'un d'eux me repousse violemment, je le prends au collet, une rixe s'engage, le comte accourt et nous sépare; un duel est convenu sur l'heure, mon adversaire, à qui le comte, mon témoin, expose ma complète inexpérience des armes, consent à se battre à cinq pas avec deux pistolets, l'un chargé à balle, l'autre non; la caserne se trouvait aux portes de la ville; les officiers allèrent y chercher leurs armes et nous nous donnons rendez-vous dans un bois voisin de la route; tout cela s'était passé très rapidement, nous rejoignîmes bientôt madame d'Alfi, le comte lui dit :

» — Julien était parti clerc de notaire, je vous le ramène paladin... il se bat dans une demi-heure pour l'amour de vos beaux yeux, ma chère Cornelia.

» A ces mots, elle ne put retenir un cri

de surprise et me tendit vivement la main : c'était la première fois qu'elle serrait la mienne, puis elle ajouta en me jetant un regard qui m'enivra :

» — Oh! maintenant, je le crois! oui... vous m'aimez, Julien !... le temps des épreuves est fini...

» — En ce cas, et si votre chevalier revient vainqueur du champ-clos, ma chère Cornelia — reprit le comte — promettez-lui de l'épouser dans huit jours...

» — J'y consens... — répondit-elle. Puis, s'adressant à moi avec un sourire enchanteur : — Et vous, Julien... y consentez-vous ?

» — Oh, mon père!... comment vous

peindre mon exaltation en entendant ces paroles? Epouser madame d'Alfi ou mourir pour elle... quelle que fut l'issue de cette journée, elle était pour moi radieuse.

» Le comte, parodiant jusqu'au bout cette scène de chevalerie, reprit:

» — Il faut, ma chère Cornelia, donner à ce courtois paladin votre écharpe comme gage d'amour. — Et me faisant agenouiller sur le marche-pied de la voiture, pendant que madame d'Alfi détachait son écharpe, le comte ajouta: — Vous accorderez ensuite à votre chevalier un beau baiser sur le front, c'est encore l'usage.

» Madame d'Alfi se baissa pour nouer son écharge autour de mon cou, ses lèvres effleurèrent mon front; mon émotion fut si vive que je faillis m'évanouir.

» Une demi-heure après, le duel avait lieu; le sort me favorisa... ou plutôt... le sort me fut contraire! si j'avais été tué alors, je n'aurais connu ni la honte d'une action déshonorante, ni l'horrible torture qui m'était réservée, honte et torture contre lesquelles je n'ai plus aujourd'hui d'autre refuge que la mort!

» Le hasard m'avait donné dans ce duel l'arme chargée à balle, l'officier, le premier, fit feu sur moi; au lieu de riposter, je jetai mon pistolet à terre, en demandant pardon à mon adversaire de l'avoir grossièrement insulté.

» — Victoire! je vous ramène votre paladin couvert de lauriers — dit le comte à madame d'Alfi lorsque nous revînmes auprès d'elle. — Votre main, ma chère Cornelia, doit être le prix de sa bravoure... Donc, à huit jours d'ici le mariage.

» — Je tiendrai ma parole — répondit-elle — je dois récompenser un si vaillant amour.

» Huit jours après ce duel, je devais épouser madame d'Alfi, je le croyais du moins.

XVII

» Le dernier aveu qui me reste à vous faire, mon père, est un aveu dont l'opprobre m'accable... mais j'irai jusqu'au bout.

» Le lendemain du jour où madame

d'Alfi m'avait promis sa main, j'allai trouver le comte Christian, je ne pouvais croire au bonheur qui m'attendait, je craignais qu'après avoir cédé à un premier moment de générosité, madame d'Alfi n'eût changé de résolution. Le comte me rassura complètement : je peux, mon père, vous rapporter ses propres paroles. Hélas, en ce moment mes souvenirs me sont cruellement présents !

» — Oui, mon cher Julien — me dit le comte — celle que j'appelle ma sœur est décidée à vous épouser, mais à deux conditions.

» — Lesquelles ? — demandai-je en tremblant.

» — La première est que, jusqu'à sa conclusion, ce mariage sera tenu secret, vous n'en direz mot à personne, pas même à votre père.

» — Quoi? pas même à mon père?

» — A lui moins qu'à tout autre.

» — N'ai-je pas besoin de son consentement?

» — D'abord, croyez-vous, mon cher Julien, que votre père ne sera pas enchanté d'apprendre que vous avez épousé madame la marquise d'Alfi, une des plus grandes dames de Venise? Et ce qui n'est jamais à dédaigner, riche de cinquante mille écus de rente? Vous pouvez, vous le voyez, sans le moindre inconvénient, cacher jusqu'à sa conclusion ce mariage à votre père; ce n'est pas tout, et ici, mon cher Julien, je vais aborder un point très délicat, la marquise, en sa qualité de grande dame, a des préjugés de caste, mais après toutes les preuves d'amour que vous avez données à Cornelia, je ne peux croire que vous vous refusiez à son désir, si étrange qu'il vous paraîtra peut-être.

» — De quoi est-il question, monsieur le comte?

» — Je ne crois vous blesser en rien, en vous apprenant que vous n'êtes pas ce qu'on appelle... un grand seigneur!

» — Je ne suis qu'un pauvre clerc de

notaire et je ne rougis pas de ma condition.

» — La marquise n'en rougit point non plus puisqu'elle vous épouse; mais elle appartient à une illustre famille de Venise; le nom de ses aïeux figure dans le Livre d'Or, et elle veut faire bénir son union par l'un de ses oncles, le signor dom Cambrelli, patriarche des Indes, actuellement de passage à Gênes; elle lui a écrit hier soir aussitôt après avoir donné sa parole...

» — Ensuite? monsieur le comte.

» — Eh bien, Cornelia ne veut pas, aux yeux de son oncle, le patriarche des Indes, épouser M. Julien, clerc de notaire.

» — C'est cependant mon nom et mon état, madame la marquise le sait.

» — Sans doute, mais ce qu'elle sait, son oncle doit l'ignorer; aussi croira-t-il la marier au jeune duc de la *Torre-Alba*, chevalier de la Toison-d'Or.. comprenez-vous?

» — Non, monsieur le comte.

» — Comment, vous ne comprenez pas que pendant un quart-d'heure seulement que durera la bénédiction nuptiale, vous serez, aux yeux de l'oncle de la marquise, le duc de la Torre-Alba?

» — Prendre un nom, un titre qui ne sont pas les miens! ah! monsieur le comte... c'est une mauvaise action.

» — Enfant que vous êtes! personne ne saura cet insignifiant mensonge. Le mariage aura lieu à minuit, ici, dans cette maison, nous y assisterons seuls, la marquise, vous, moi et le patriarche!

» — Mais ce mensonge... je le saurai, moi, monsieur le comte...

» — Certes, ce scrupule vous honore; seulement c'est à vous de réfléchir s'il vous convient de sacrifier votre amour à ce scrupule. Je connais Cornelia, elle sera intraitable sur cette condition, elle m'a chargé de vous en instruire, et en cas de refus de votre part... je dois vous déclarer qu'elle ne vous verra plus...

» — Oh, mon Dieu!

» — Elle mourra peut-être de chagrin, la pauvre créature! car elle vous aime éperdûment; mais je vous ai dit sa volonté.

» — Monsieur le comte, cette union ne peut-elle donc pas être bénie par un autre prêtre?

» — A aucun prix la marquise n'y consentirait, elle est très fataliste, et persuadée que la bénédiction de son oncle vous portera bonheur à tous deux. Encore une fois, mon cher Julien, vous vous effrayez d'un enfantillage. Cette union, accomplie ici, sera ensuite régularisée par la loi civile; vous pourrez alors demander le consentement de votre père, et il ne vous le refusera pas:

mais aux yeux de Cornelia, qui, sans faire parade de sa dévotion, est au fond, très pieuse, le mariage religieux étant le seul valable; vous serez donc bien et dûment mariés par le patriarche des Indes, tellement mariés que vous sortirez de l'autel pour entrer dans la chambre nuptiale, mon cher Julien...

» Hélas, mon père, si absurde que fut cette fable grossière, tel était mon aveuglement, que je la crus, et je répondis au comte :

» — Je ferai ce que désire madame la marquise..... quoiqu'il m'en coûte de jouer un rôle mensonger pendant un quart-d'heure.

» — Cela doit vous coûter, Cornelia le sait; elle connaît la délicatesse de vos sentiments ; mais elle sera profondément touchée de votre soumission à ses désirs : ce point principal convenu, le reste n'est plus qu'une affaire de détail, de costume.

» — Que voulez-vous dire, monsieur le comte ?

» — Les Vénitiens sont très formalistes, très pompeux et à mon sens, ils ont raison, lorsqu'il s'agit d'entourer d'un certain appareil, l'engagement le plus solennel de la vie : aussi, pour la célébration de leur mariage, ne se contentent-ils pas, comme vous autres Français, d'endosser un mesquin habit noir; non, et d'ailleurs Cornelia vous donnera l'exemple; vous la verrez venir à l'autel, en manteau de cour, coiffée de sa couronne de marquise, éblouissante de diamants. Or, je vous le demande, mon pauvre Julien, quelle mine feriez-vous auprès de madame d'Alfi avec votre frac noir ?

» — Comment voulez-vous donc que je sois vêtu, monsieur le comte ?

» — Est-ce que le duc de la Torre-Alba n'est pas chevalier de la Toison-d'Or ? Il est donc très naturel que pendant la bénédiction nuptiale vous portiez le costume de cérémonie des chevaliers de la Toison-d'Or.

» — Moi, monsieur le comte?

» — Certainement, je vais vous donner une note très détaillée de l'habit de chevalier; les brodeurs sont à Lyon très actifs, très intelligents, et en les pressant un peu vous aurez votre costume avant huit jours, il est splendide ; malgré quelque peu de bizarrerie résultant de son antiquité, mais il vous siéra parfaitement. Cornelia se fait une joie d'avance de vous admirer sous vos vêtements de grand seigneur; heureux Julien ! la marquise de ses belles mains détachera de vos épaules votre manteau brodé, lorsque, en ma qualité de frère, j'aurai refermé sur vous deux la porte de la chambre nuptiale...

XVIII

—

» — mon père, votre cœur se soulève de dégoût et d'indignation! Vous ne pouvez croire que j'aie été assez misérablement vain pour consentir à cette burlesque et méprisable comédie! assez stupide pour ne pas m'apercevoir enfin que l'on se jouait indignement de moi? Hélas, l'amour m'aveuglait. Et puis pouvais-je supposer qu'une dame et un homme d'un haut rang s'amuseraient ainsi à me baffouer; moi qui n'avais en rien mérité cette ignominie! Moi qui n'avais cédé qu'aux instances réitérées de madame d'Alfi et du comte, m'invitant à nouer des relations si en dehors de ma condition? moi qui avais gardé mon amour caché au plus profond de mon cœur, jusqu'au jour où le comte trahit mon secret? moi enfin dont le seul tort était d'aimer passionnément madame d'Alfi et de pousser mon dévouement pour elle jusqu'à la plus folle exaltation?

» Hélas! la pensée de ce jeu froidement

cruel dont je devais être victime ne pouvait jamais venir à mon esprit; ma confiance, ma crédulité m'ont perdu? J'ai consenti à prendre un nom, un titre qui ne m'appartenaient pas! Je suis descendu jusqu'à l'opprobre... jusqu'au vol.

» Le comte Christian m'avait remis la note détaillée du prétendu costume des chevaliers de la Toison-d'Or, un brodeur de Lyon me demanda quatre mille francs, pour confectionner ces riches vêtements en peu de jours; cette somme était à peu près celle que vous m'aviez chargé de recouvrer pour vous, mon père; je la donnai; excusant une indignité par une autre indignité, je me dis, spéculant sur la fortune de madame d'Alfi, qu'après mon mariage avec elle, je vous rembourserais cet argent..

» Pendant les huit premiers jours qui précédèrent le jour fixé pour notre union, chaque soir je vis madame d'Alfi. Elle se montra plus séduisante, plus tendre que jamais, son affection se nuançait d'une certaine gravité douce et réfléchie ; elle me parlait de notre avenir, elle me parlait aussi de vous, mon père, m'assurant que vous auriez en elle une fille dévouée. Elle regrettait aussi que je n'eusse plus ma mère... elle l'aurait tant aimée!

» Madame d'Alfi me demandait grâce du mensonge qu'elle m'imposait, afin, disait-elle, de ne pas blesser les préjugés aristocratiques de son oncle; elle me savait un gré infini de ma condescendance, n'ignorant pas combien elle coûtait à ma sincérité. Elle s'indignait contre elle-même de ne pouvoir surmonter sa faiblesse à ce sujet, et de n'oser avouer à son parent qu'elle aimait un jeune homme obscur, mais qui, par la noblesse de son cœur, rachetait, et au delà, son manque de noblesse de race; puis, avec une joie presque enfantine, elle me parlait du brillant costume dont je devais être revêtu le jour de notre mariage.

» Que vous dirai-je, mon père? le bandeau qui couvrait ma vue s'épaississait encore à mesure que nous approchions de ce jour fatal... Il vint enfin, et ce même jour je reçus votre lettre qui m'appelait à Genève, près de vous.

XIX

« Mon mariage avec madame d'Alfi devait être consacré à minuit, chez elle, par son oncle venu de Gênes pour la bénédiction nuptiale. Je me rendis dans la soirée chez madame d'Alfi, emportant dans une voiture de louage, mon ridicule et éclatant costume. Le comte Christian me conduisit dans son appartement; il voulut présider lui-même à ma toilette; je me prêtai avec ma crédulité ordinaire, à cette triste bouffonnerie; je l'avoue même, ma misérable vanité aidant, je finis par m'habituer aux louanges sardoniques du comte sur l'élégante richesse de mes vêtements; il revêtit lui-même un éclatant habit de cour; j'admirais sa bonne grâce à le porter, vers minuit, le comte me conduisit dans le salon, un autel avait été improvisé. Bientôt madame d'Alfi entra, magnifiquement parée; les diamants ruisselaient à son cou, à son corsage, sur ses bras, mais sa beauté rayonnait davantage encore... Elle était conduite par son oncle, le prétendu patriarche des

Indes, vêtu d'une longue robe de soie pourpre, la figure presque entièrement cachée par une épaisse barbe blanche. La cérémonie sacrilége achevée, nous restâmes seuls, madame d'Alfi, le comte Christian et moi, il alla ouvrir les deux battants de la chambre de la marquise, revint la prendre par la main, et me dit de le suivre; mais arrivé au seuil de cette porte, il referma l'un des battants, poussa un grand éclat de rire et me dit:

« Bonsoir, mon cher duc de la Torre-
» Alba! bonsoir noble chevalier de la Toi-
» son-d'Or! Cornelia n'est pas une sœur pour
» moi, nous nous chérissons depuis long-
» temps très tendrement, très amoureu-
» sement... Quant à la morale de l'aven-

» ture, la voici : ainsi que les papillons de
» nuit se brûlent à la lumière, les clercs
» de notaire assez imprudents pour oser
» aimer des marquises sont justement baf-
» foués, turlupinés, vous profiterez sans
» doute de la leçon; sur ce, cher duc de la
» Torre-Alba... bonsoir !

» — Bonsoir, beau chevalier de la Toison-d'Or, — ajouta la voix moqueuse de madame d'Alfi. — Bonsoir !

» Et la porte se referma au milieu de leurs éclats de rire à tous deux.

» J'ai cru que j'allais mourir et je suis tombé évanoui.

» Je ne sais combien de temps je suis

ainsi resté privé de sentiment. Lorsque je suis sorti de mon évanouissement, les bougies éclairaient encore le salon désert ; avec la connaissance m'est revenu le souvenir de la réalité...

» Saisi d'une sorte de vertige, je me suis élancé hors de la maison de madame d'Alfi. La nuit était obscure, il pleuvait à torrent, l'aube allait bientôt paraître, un instinct d'habitude machinale, plutôt que ma volonté, me ramena aux portes de Lyon ; quand j'y arrivai, il faisait grand jour : les éclats de rire, les cris des gens du faubourg que je traversai, me tirèrent des réflexions désespérées où j'étais plongé, mes riches et ridicules habits, ruisselants d'eau, couverts de boue, causaient la surprise et l'hilarité des passants : ils me huaient comme on aurait hué un masque ivre et attardé, il me sembla, en approchant de notre logis, reconnaître le maître clerc de mon patron : mais je n'avais pas la tête à moi.

» Rosalie, notre bonne vieille servante, me voyant rentrer ainsi accoutré, pâle, défait, brisé, voulut m'interroger, et m'offrit ses soins, je la repoussai, je courus m'enfermer dans ma chambre : là, dans un accès de fureur je mis en lambeaux ces vêtements, témoins de ma honte, cause de mon vol... et ensuite je me dis :

» — Maintenant, que faire ?

XX

—

» Voici, mon père, le résultat de ces longues heures de réflexion.

» Les mépris, les insultes de madame d'Alfi, la noire méchanceté de son âme, n'affaiblissaient en rien mon amour pour elle ! ma lâcheté, mon ignominie justifiaient ainsi les écrasants dédains dont j'étais victime ; mais je vous dis, mon père, la vérité.

» J'aimais donc encore avec une sorte de frénésie, cette femme si belle, si séduisante et si cruelle.

» Vous m'ordonniez d'aller vous rejoindre à Genève et de vous y apporter la somme que vous m'aviez chargé de recouvrer...Cette somme, mon père, je vous l'avais volée !

» Le présent pour moi, c'était de me présenter devant vous, sous le poids d'une action infâme.

» L'avenir devait être pour moi un supplice sans fin, puisque j'aimais toujours madame d'Alfi d'un amour insensé, sans espoir.

» Face à face avec ce présent, avec cet avenir, ma première pensée fut de me tuer; la seconde : le chagrin que vous causerait ma mort.

» Si mon père pleure ma mort — me suis-je dit, me livrant à une vague espérance, — s'il me regrette, c'est qu'il m'aime : de sa tendresse, comment douter ! son émotion, en me quittant, il y a six semaines, ce tutoiement alors échappé à son affection, oui, tout me le prouve malgré son apparente sévérité, mon père m'aime tendrement ! s'il en est ainsi, pourquoi n'aurait-il pas pitié, non de mes fautes, non de mon opprobre, mais de la souffrance, mais du désespoir, mais des remords que me causent ces fautes et cet opprobre? si j'avouais tout à mon père en tombant à ses pieds, attendant mon arrêt, dans un humble repentir ? qui sait, s'il ne me pardonnerait pas ? puis ses conseils, son austère sagesse m'aideraient à vaincre ce honteux et fol amour, que le temps éteindra peut-être.

» Si mon père se montre inexorable, la mort me restera comme dernier refuge, et du moins j'aurai tenté par des aveux complets de mériter la clémence paternelle.

» Cette résolution n'apaisa pas mes souffrances et les angoisses dont j'étais bourrelé, en songeant à affronter votre juste indignation, mon père, mais j'avais du moins conscience de suivre une inspiration loyale.

» La voiture de Lyon pour Genève ne partait que le lendemain matin : après une nuit d'insomnie, de larmes, de réflexions amères, fermement déterminé aux aveux les plus sincères, je montais en diligence ; à mesure que je me rapprochais de la ville, où vous m'attendiez, mon père, et où vous alliez décider de mon sort, tour à tour mon courage défaillait et renaissait. Enfin, ma bonne résolution l'emporte ; en arrivant le soir à Genève, je me rends à l'hôtel dont vous m'aviez donné l'adresse. Quelle est ma surprise ! Vous étiez reparti le matin même pour Lyon : nous nous étions croisés en route : prévoyant cela, vous avez laissé pour moi au maître de l'hôtel, un billet contenant ces mots :

« *Monsieur,*

» *Un exprès, arrivé hier soir de Lyon,*
» *m'apprend vos désordres; je ne serais pas*
» *maître de moi en vous revoyant ce soir*
» *ici à Genève, je retourne à Lyon, venez*
» *m'y rejoindre. La déchirante indignation*
» *du père sera calmée, vous ne trouverez*
» *plus en moi que la froide inflexibilité du*
» *juge, ayant à prononcer l'arrêt d'un vo-*
» LEUR.

» *R.* »

» Après la lecture de cette lettre, j'ai senti que tout était fini pour moi.

» J'ai demandé au maître de l'hôtel une chambre, une plume, du papier, de l'encre et je vous ai écrit, mon père, ce que vous venez de lire.

» Je vous le répète, je le sens, tout est fini pour moi.

» Il me restait cette unique espérance : me jeter à vos pieds et vous faire des aveux complets. Peut-être même mon repentir, mes larmes, ma sincérité vous auraient touché...

» Je perds même le bénéfice de la franchise ! déjà vous êtes instruit de mes désordres, et lorsque, près de vous j'arriverai, vous aurez refoulé dans votre cœur, la commisération du père, je ne trouverai plus en vous *qu'un juge froidement inflexible, ayant à prononcer l'arrêt... d'un voleur!*

» C'est la vérité, mon père, je vous ai volé, vol cent fois plus infâme que si j'avais volé un étranger. Un étranger, du moins, met son argent sous clé, et vous... vous aviez confié votre argent à la probité d'un fils.

» Adieu, mon père, je vais mourir.

» Je n'aurai plus à rougir devant vous... vous n'aurez plus à rougir de moi.

» Je vais écrire quelques lignes à madame d'Alfi. Elle saura que l'horrible mystification dont j'ai été victime m'a conduit au vol, au suicide ! ce sera ma seule vengeance.

» J'ai laissé dans ma chambre la petite montre qui a appartenue à ma mère, permettez-moi de disposer de ce bijou en faveur de notre chère vieille Rosalie, qui m'a élevé. Dites-lui, je vous prie, que je regrette de l'avoir rudoyée avant-hier, en rentrant, mais je n'étais plus maître de moi.

» Encore adieu, mon père, mon pauvre bon père !!

» Je vais quitter la vie en me rappelant ces mots que tu as prononcés, les larmes aux yeux, en nous quittant et me pressant tendrement sur ton cœur :

» *Cher, cher enfant..... ne t'afflige pas ainsi...*

» *O père! père! je t'aimais bien pourtant!*

» Julien. »

Plus d'une fois les larmes, les gémissements de Robert interrompirent la lecture de cette lettre navrante, tant de fois lue et relue par lui, il essuya ses yeux, se disant d'une voix entrecoupée de sanglots :

— Et le malheureux enfant a tenu sa promesse! Et j'ai été puni de mon impitoyable sévérité! hélas, elle n'était qu'apparente : non moins que ma froideur pour lui; douloureusement affecté de la gravité de la faute de Julien, la première qu'il eût commise, et dont j'ignorais la cause, je voulais lui donner une grande leçon! l'arrêter par la frayeur à son premier pas dans une voie funeste; je connaissais son cœur! je comprenais les entraînements de la jeunesse; je comptais sur son repentir, il m'eût permis l'indulgence! Mais non! je l'ai appelé *voleur*, ce mot l'a tué; j'ai reçu à la fois sa lettre et la confirmation de sa mort. Le maître de l'hôtel, effrayé de la pâleur, de l'altération des traits de mon fils, lorsqu'il le vit sortir après avoir payé le prix de sa chambre, le suivit, et quoique la nuit fût venue, il le vit mettre à la poste deux lettres, se diriger lentement vers le pont au-dessous duquel coule le Rhône, puis s'arrêter assez longtemps immobile, contemplant le cours du fleuve; déjà l'hôtelier croyait s'être trompé dans ses sinistres soupçons, lorsque voyant soudain Julien s'élancer dans le fleuve et disparaître, il cria : à l'aide! au secours! hélas! c'était trop tard! La nuit était obscure, en vain les bateliers ont cherché le corps de mon pauvre enfant! Entraîné par l'impétuosité des eaux, sa mort n'était que trop certaine! Fou de désespoir à cette affreuse nouvelle, j'ai couru chez madame d'Alfi, je voulais tuer ce monstre! elle avait dans la journée quitté Lyon ; il me restait un dernier espoir : retrouver et ensevelir le corps de mon fils, jeté sans doute par les eaux sur la grève du fleuve; alors a commencé l'horrible pèlerinage, ensuite duquel je suis venu dans ce pays. Vaines recherches, le corps de mon Julien gît sans sépulture au fond de quelque gouffre! — Puis Robert ajouta en se levant, les traits empreints d'une effrayante expression de haine en désignant au loin et à ses pieds la maison de madame d'Alfi : — O Providence vengeresse! je n'ai pu retrouver les restes chéris de la victime, mais tu m'envoie ses bourreeaux !... Ils expieront leur crime.

XXI

Le lendemain de l'entrevue de Claude, le jardinier, avec Robert, la marquise d'Alfi, après une longue nuit d'insomnie, se leva au point du jour, sans sonner sa femme de chambre, s'enveloppa d'un peignoir, et ouvrant son nécessaire *épistolaire* commença d'écrire la lettre suivante au comte Christian :

« 9 septembre, six heures du matin.

» Ne venez pas me rejoindre à Annecy, mon cher Christian.

» *Je ne vous aime plus.*

» Vous me connaissez trop bien, vous êtes trop homme du monde pour répondre à ma franchise par des reproches, ou pour tenter de changer ma résolution : j'ai peu souci des reproches, et ma volonté, vous le savez, est de fer.

» Vous m'avez plu, vous ne me plaisez plus, ainsi va l'amour.

» Quant à moi, maintenant : *J'aime un mort.*

» Et je m'explique.

» Lors de mon premier voyage en France, je me suis, vous vous le rappelez, arrêtée à Lyon ; séduite par la beauté des rives du Rhône, je louai, dans une position charmante, aux portes de la ville, sur les bords du fleuve, une assez jolie maison où je vous offris l'hospitalité, à vous, mon compagnon de voyage.

» Un jour, le notaire avec qui j'avais été mise en rapport au sujet de la location de cette demeure, envoya l'un de ses clercs m'apporter un reçu de la somme payée par moi ; cette circonstance, insignifiante en apparence, est cependant très importante pour l'intelligence de ma conduite envers vous j'entrerai donc dans quelques détails.

» Nous nous trouvions, vous et moi, dans le petit salon bleu qui donnait sur le jardin ; vous poursuiviez gravement un entretien des plus intéressants avec Lowe, mon *King-Charles* favori, vous faisiez les demandes et les réponses, je brodais en songeant, que dans nos tête-à-tête, vous causiez rarement aussi longtemps avec moi qu'avec *Lowe*, et cependant, à l'encontre de ce charmant petit épagneul, j'étais capable de vous répondre, et de vous épargner ainsi la moitié des frais de l'entretien ; mon valet de chambre entra et m'annonça le clerc de M. x.x.x. (je ne me souviens pas du nom de ce notaire).

» — Que me veut ce monsieur ? — dis-je à Piétro.

» — Il vient apporter un reçu à madame la marquise.

» — Eh bien, qu'il vous donne ce reçu ; qu'ai-je à faire de voir ce clerc.

» Piétro se retirait, lorsque cessant brusquement votre entretien avec *Lowe*, vous vous êtes écrié.

« Madame!! permettez, permettez!! je ne suis point aussi indifférent que vous à l'endroit de l'étude des naturels de cette contrée sauvage. Un clerc de notaire du Lyonnais ? mais ça doit être une espèce fort curieuse à observer. Cette variété du genre peut nous fournir des observations des plus intéressantes à consigner dans notre livre de voyage.

» Et vous adressant à Piétro : — Faites entrer ce monsieur.

» Plus heureux que moi, ce clerc de notaire inconnu avait, comme *Lowe,* le pouvoir de vous donner le goût de la conversation et de vous inspirer les agréables plaisanteries que je viens de vous rappeler, mon cher Christian, aussi je devins non moins jalouse de ce clerc, que de mon épagneul.

» Piétro, bientôt de retour, ouvrit la

porte et annonça, aussi solennellement que s'il eût introduit dans mon salon un ambassadeur ou un feld-maréchal :

» — *M. le clerc de notaire.*

XXII

» Je crois encore, mon cher Christian, être dans le salon bleu : tant mes souvenirs me redeviennent présents.

» Je vis entrer chez moi un adolescent de dix-huit ans au plus, si gauche, si troublé qu'il s'arrêta confus à quelques pas du seuil de la porte : il était ridiculement vêtu d'une redingote jaunâtre deux fois trop large pour lui, elle tombait jusques à ses pieds chaussés de gros souliers lacés, de ses deux mains gantées d'un vert, ah ! quel vert !! je n'avais jamais vu pareille nuance ! il tournait et retournait dans tous les sens je ne sais quelle coiffure, bonnet ou casquette.

» Cependant malgré ou à cause de son ridicule accoutrement, je fus vivement frappée de l'exquise beauté de cet enfant ; ses longs cheveux blonds cendrés, encadraient son visage d'une régularité parfaite, délicieuse figure d'archange ! son teint pur et blanc, comme celui d'une jeune fille, rougissait et pâlissait tour à tour, tant était

profonde la soudaine impression que vous...
Lowe ou... moi, mon cher Christian, lui causions... ses longues paupières d'un blond plus foncé que sa chevelure, si longues, si soyeuses qu'elles portaient ombre sur ses joues (jugez de la présence de mes souvenirs!) voilaient à demi ses grands yeux d'un brun velouté ; rien de plus doux, de plus charmant, de plus ingénu que son regard qu'une seule fois il osa lever timidement vers moi, car décidément ce n'était ni vous, ni *Lowe*, qui impressionniez vivement ce petit clerc de notaire : immobile au milieu du salon, ne pouvant faire un pas, incapable de prononcer un mot, ayant conscience de la gaucherie de son maintien, la sueur perlait son front, ses traits exprimaient un embarras douloureux, faisant enfin sur lui un

violent effort, il fouille dans l'une des poches de son interminable redingote, pour y prendre sans doute le reçu qu'il m'apportait et ne le trouvant point là, fouille ailleurs : vaines tentatives ; mettant alors sous son bras sa coiffure qui l'embarrassait, il palpe précipitamment toutes ses poches et cela je l'avoue d'un air si troublé, si piteusement ahuri, que tout bien élevé que vous devriez être, mon cher Christian; vous partez d'un grand éclat de rire !... le pauvre enfant tourne alors vers moi, d'un air navré, ses beaux yeux où je vois rouler une larme, puis abaissant ses paupières il balbutie d'une voix altérée en continuant de fouiller ses poches :

» — Pardon, madame la marquise... c'est

que je... je... ne trouve pas... — Mais soudain poussant un cri d'allégement, il ajouta sans lever les yeux, et me présentant, quoiqu'il fut à dix pas de moi, le reçu qu'il venait enfin de tirer de l'une de ses poches :
— Pardon, madame la marquise... voilà... voilà... le *récépissé*...

» Ce mot baroque prononcé d'une voix étranglée, l'attitude de ce jeune garçon qui, placé fort loin de moi et n'osant me regarder, m'invitait d'une main tremblante comme la feuille, à prendre ce morceau de papier qu'il m'offrait, redoublèrent votre hilarité, mon cher Christian, vous teniez alors *Lowe* sur vos genoux et je vous dis, prenant en pitié le clerc de notaire qui vous tournait le dos :

» — De grâce, mon cher comte, mettez momentanément terme à ces gentillesses de *Lowe* qui ont l'heureux privilége de vous égayer si fort : permettez-moi de parler d'affaires avec monsieur, qui a pris la peine de venir de Lyon ici.

» Soit que l'adolescent crut qu'en effet ce n'était pas lui, mais l'épagneul qui excitait vos éclats de rire, soit qu'il vit dans mes paroles une façon polie d'excuser votre impertinence, il se rassura un peu, hasarda de me regarder en face une seconde fois, pour me témoigner sa gratitude, rencontra mes yeux, baissa promptement les siens, rougit jusqu'à la racine des cheveux, tressaillit, fit quelques pas mal assurés pour se rapprocher de moi et me remit le reçu en me disant :

» — Voici, madame la marquise, le récépissé que mon patron vous envoie...

» Après quoi de plus en plus troublé, il m'adressa coup sur coup plusieurs saluts plus empêtrés les uns que les autres en les accompagnant de ces paroles :

» — J'ai bien l'honneur d'être... pardon madame la marquise... ne vous dérangez pas... je...

» Mais chaque mot expirant sur ses lèvres, il se retourna brusquement dans sa hâte de gagner la porte.

» Cette prompte retraite n'agréait point à votre désir de baffouer ce malheureux, mon cher Christian, non moins clairvoyant que moi, vous étiez frappé de la profonde et subite impression que ce que vous appeliez: *ma beauté* exerçait sur lui, aussi courant sur ses pas et l'arrêtant familièrement par le bras, vous lui dites avec un accent de ma parfaite courtoisie:

» — Monsieur ! ah, monsieur ! madame la marquise ne souffrira point que vous repartiez pour Lyon sans vous être un instant reposé, veuillez prendre la peine de vous asseoir.

» — Vous êtes trop bon.... monsieur le comte — répondit l'adolescent, saluant de nouveau coup sur coup et tirant toujours vers la porte — je ne saurais rester... mon patron... mon patron... m'a commandé de revenir tout de suite...

» — Mais, monsieur — dis-je à mon tour à cet enfant (et dès ce moment *je devins,* Christian, *votre complice)* — si je désire écrire un mot à monsieur votre patron, ne me ferez-vous pas la grâce d'attendre un moment ici?

» A ces mots prononcés de ma voix la plus douce, je joignis un regard tel... que l'adolescent me répondit avec un redoublement d'émotion :

» — Madame la marquise, certainement je... j'attendrai vos ordres...

» Et, les yeux baissés, il restait debout, immobile, auprès du fauteuil que vous lui présentiez, je sonnai et dis à Piétro qui entra :

» — Apportez du vin de Madère, de l'eau glacée, des fruits, quelques gâteaux. – Et comme Piétro se retirait, j'ajoutai : — Faites atteler ma voiture, l'on reconduira monsieur à Lyon.

» Alors me levant, j'allai vers ma table à écrire, et adressant au clerc de notaire un gracieux sourire :

» — J'abuse, vous le voyez, de votre aimable complaisance, vous me permettrez, n'est-ce pas, d'écrire quelques lignes à monsieur votre notaire et vous aurez la bonté de les lui remettre ?

» Le pauvre enfant ébahi d'une pareille réception, me répondit avec confusion qu'il était à mes ordres. Je m'occupai d'écrire,

Piétro revint avec un plateau chargé de rafraîchissements, notre *victime*, cédant à vos instances, n'accepta qu'à grande peine un peu d'eau glacée, mêlée de sirop d'orange, et vous lui tîntes bravement tête, mon cher Christian, en vidant un flacon de vin de Madère, et mangeant une demi-douzaine de gâteaux : fidèle à ce philosophique et placide appétit, qui jamais ne vous a fait et ne vous fera défaut, je l'espère, dans les plus graves circonstances de votre vie.

XXIII

—

» J'étais, mon cher Christian, occupée d'écrire à ce notaire, sans perdre pour cela de vue notre victime, à qui vous disiez avec une bonhomie merveilleusement jouée :

» — Hé bien, mon cher monsieur... de grâce, votre nom ?

» — Julien Robert...

» — Hé bien, mon cher monsieur Julien, comment menons-nous les plaisirs à Lyon ?

» — Monsieur...

» — Voyons... parlons franchement, votre physionomie me revient beaucoup... vous le voyez, je me mets tout de suite en confiance avec vous... imitez-moi... que diable !

» — Monsieur le comte.... je suis en vérité confus...

» — Je gage, cher monsieur Julien — avez-vous ajouté en baissant la voix comme si vous aviez voulu me rendre étrangère à la confidence que vous sollicitiez — je gage que nous avons une gentille amoureuse?... Hein?

» — Oh, monsieur le comte! — reprit l'adolescent devenant pourpre de confusion, et je surpris des regards effarés qu'il jetait, malgré lui, de mon côté en ajoutant : — Monsieur le comte... pouvez-vous penser que...

» — Parbleu! un joli garçon comme vous doit faire tourner toutes les têtes... allons, contez-moi vos amourettes, mon cher !... est-elle brune? est-elle blonde?

» — Je vous en supplie — dit Julien, de qui l'embarras redoublait — si madame la marquise entendait...

» — Rassurez-vous, elle n'entend point ; d'ailleurs, entre nous, madame d'Alfi n'est pas de ces prudes farouches qui ne peuvent comprendre qu'il faut que la jeunesse s'amuse... Elle est très bonne femme, sans l'ombre de prétention, quoiqu'elle puisse les avoir toutes, vous l'avouerez...

» — Certainement — reprit Julien de nouveau rougissant et balbutiant. — Certainement, madame la marquise...

» — N'est-ce pas qu'elle est ravissante?

» — Je n'oserais jamais me permettre de...

» — .... De la trouver charmante?..... pourquoi pas? vous pouvez me parler franchement, je suis son frère...

» — Vous, monsieur le comte! — s'écria l'adolescent avec un accent de surprise où perçait une sorte de satisfaction vague et involontaire — vous, le frère de madame la marquise?

» — Son frère... de lait; nous sommes du même âge, le même sein nous a nourri, aussi une fraternité véritable ne serait pas autre que la nôtre : depuis son veuvage, je ne quitte pas madame d'Alfi. Vous concevez, cher monsieur Julien, qu'une femme jeune et belle, lorsqu'elle est isolée, est exposée à beaucoup de malencontres... En un mot, je suis pour la marquise : un bon chien, un chien de garde, fidèle et dévoué.

» — Oh, monsieur le comte, combien elle doit être heureuse d'avoir rencontré un frère tel que vous ! — reprit naïvement Julien cédant à l'attrait de votre bonhomie apparente, mon cher Christian, et se mettant peu à peu en confiance : — Combien aussi vous devez l'aimer, madame la marquise ! elle a l'air si bon.

» — Vrai... vous trouvez ?

» Cette interrogation recommença de troubler l'adolescent qui répondit en baissant les yeux :

» — Je juge de la bonté de cette dame par l'accueil qu'elle daigne me faire ici, car je n'ai aucun droit à une pareille réception.

» — Aucun droit? allons-donc, mon cher! vous êtes un charmant jeune homme...

» — Monsieur... je ne mérite pas...

» — Vous méritez beaucoup au contraire, et puis tenez, entre nous, je suis de ces gens qui, à la première vue, éprouvent des sympathies ou des antipathies invincibles ; or, cher monsieur Julien, vous me revenez fort, pourquoi cela : le diable m'emporte si je le sais! puisque c'est la première fois que je vous vois ! nous n'avons pas échangé vingt paroles, nous ne sommes pas du même âge, et cependant je ressens une vive sympathie pour vous, c'est comme cela? que voulez-vous que j'y fasse, moi? si cela vous désoblige, ma foi, tant pis, arrangez-vous !

» Cette sorte de boutade, mon cher Christian, fut accentuée par vous avec tant de rondeur, avec une telle apparence de sincérité que Julien, d'abord stupéfait puis attendri, vous répondit d'une voix émue :

» — Monsieur le comte.. je ne peux

croire à ce que j'entends... me traiter avec cette bonté... moi... un pauvre clerc de notaire, en vérité... je ne peux comprendre...

» — Comprenez ou ne comprenez point, ceci vous regarde, mon cher; vous devez seulement, je crois, être convaincu que mes avances n'ont pas un but intéressé!

» — Je le crois bien... que suis-je donc, mon Dieu?

» — Vous êtes, j'en suis certain, cher monsieur Julien, un bon enfant dans toute la force du terme; or, moi, j'aime beaucoup les bons enfants; cette sympathie subite vous étonne? voyons? pourquoi l'amitié ne serait-elle pas aussi primesautière que l'amour? est-ce qu'il n'arrive pas journellement qu'à la première vue, sans l'avoir jamais connue, sans lui avoir jamais parlé, un homme tombe subitement, et malgré lui, amoureux d'une femme, quelle qu'elle soit, grisette... ou grande dame?

» Julien, pour dissimuler son embarras mortel et se donner une contenance, prit sur le plateau son verre à demi rempli, et dit avant de le porter à ses lèvres :

» — Monsieur le comte, je... ne saurais vous répondre... je ne sais... si l'amour...

» — Ah! cher monsieur Julien, vous n'êtes pas sincère... vous rougissez jusqu'au blanc des yeux... et... de plus, au lieu de boire vous venez de replacer ce verre un peu à côté de la table, de sorte que le voilà cassé... ce dont il ne faut aucunement vous lamenter, que diable! il y a d'autres verres à l'office! ne vous donnez donc point la peine de ramasser ainsi les morceaux sur le parquet, sinon, d'honneur! je me mets à les ramasser avec vous!

» — Vous alliez beaucoup trop vîte et trop loin, mon cher, Christain, je me hâtai de cacheter ma lettre et de me lever afin de mettre un terme à vos étourderies et de rassurer Julien, désolé d'avoir brisé un verre, par suite du trouble où le jetait votre imprudente allusion à la vive et soudaine impression que je lui causais.

» — Voici, monsieur — lui dis je en m'approchant de lui — ma lettre pour monsieur votre notaire; vous allez savoir en deux mots ce dont il s'agit : je pourrais, dans le cas où je trouverais une propriété plus à ma convenance que celle-ci, me décider à l'acheter; je prie donc M. votre notaire, en l'indemnisant bien entendu de ses soins, de s'enquérir des maisons de campagne qui seraient à vendre aux environs de Lyon, sur les bords du Rhône, je voudrais, si la chose est possible, que vous fussiez chargé de cette mission, vous auriez la bonté de prendre une note détaillée relative à la contenance du jardin, à la disposition de la maison et de m'apporter ces renseignements; vous les compléteriez de vive voix et cela m'épargnerait ainsi la peine de visiter un grand nombre de propriétés, puisqu'après avoir conféré avec vous, monsieur, je me bornerais à l'examen de celles qui sembleraient devoir me convenir. Vous m'excuserez, monsieur, de disposer ainsi un peu despotiquement de vous, mais je ne sais pourquoi j'aime à compter sur votre complaisance et votre courtoisie... Un mot encore : mes journées sont généralement occupées par la promenade, je préférerais, si cela vous est toutefois indifférent, monsieur, que vous prissiez la peine de venir me donner le soir les renseignements que j'attends de votre obligeance.

» — Alors, madame — avez-vous ajouté, mon cher Christian — que M. Julien vienne sans façon vous demander à dîner à sept heures lorsqu'il devra causer avec vous de cette affaire.

» — Vous avez là, mon cher comte, une excellente idée, seulement il serait peut-être indiscret de demander à monsieur de nous sacrifier ainsi quelquefois sa soirée tout entière ?

» Le malheureux enfant, étourdi, suffoqué, se croyait le jouet d'un rêve, il ne trouvait pas un mot à répondre, je lisais sur sa physionomie candide la stupeur que lui causait cette invitation inespérée pour lui, la joie qu'il ressentait en songeant aux relations suivies qui allaient s'établir entre nous, sa douleur de ne pouvoir répondre que par un silence stupide à une offre si flatteuse, enfin chez lui se trahissait surtout son indicible étonnement de se voir, lui, pauvre clerc de notaire, accueilli avec tant de distinction et de bonne grâce, recherché avec tant de persistance, par des gens d'un certain monde.

» Piétro vint, sans le savoir, au secours de Julien, en entrant et m'annonçant ma voiture.

» — Je ne veux pas, monsieur, abuser plus longtemps de vos moments — dis-je à l'adolescent — ma voiture est à vos ordres, il reste convenu entre nous, que vous voudrez bien venir nous demander à dîner toutes les fois que vous aurez un renseignement à me donner ; adieu donc, monsieur, je compte sur une très prochaine visite de votre part, car je suis impatiente de savoir si je trouverai ou non à m'établir ici, cela dépendra un peu de votre obligeante activité, monsieur, aussi serai-je très heureuse de penser que vous aurez été pour quelque chose dans le choix de ma résidence.

» — Et en ce cas, mon cher monsieur Julien, je réclamerai pour ma part les droits de bon et fréquent voisinage — avez-vous ajouté, mon cher Christian.

« Madame la marquise.... monsieur le comte... je ne sais comment vous exprimer... vous me faites certainement trop d'honneur... — répondit Julien, en balbu-

tiant et en proie à une sorte de vertige ;
aussi, voulant échapper à un entretien
qui le torturait délicieusement, il nous salua et perdant complètement la tête, il se
dirigeait vers l'une des fenêtres de ce rez-de-chaussée, ouverte sur le jardin, où il allait aveuglément choir, lorsque courant à
lui et le prenant par lui et le prenant par le
bras, vous lui avez dit gaîment :

» — Allons, venez, cher monsieur Julien, je vais vous piloter et vous mettre en
voiture.

» Bientôt de retour, mon cher Christian, vous avez commencé par vous jeter
sur un fauteuil en pâmant de rire. Puis
cet accès d'hilarité calmé, vous vous êtes
écrié :

» Le clerc de notaire est fasciné ! il croit faire un rêve des *Mille et une nuits!* il est amoureux fou de vous, marquise, il viendra souvent, et puisque vous ne voulez recevoir ici personne, nous aurons, grâce à cet imbécille, les plus divertissantes soirées du monde! il est impossible d'être plus naïf, plus stupide, plus dadais que ce garçon-là ! Nous lui ferons faire les choses les plus saugrenues ! à dix-huit ans, et mordu par une passion pareille, cet innocent sera capable des folies les plus grotesques ! d'avance j'en pouffe de rire. Ah ! ah ! ah ! ma chère ! quelles amusantes soirées nous allons passer!»

Cornelia en était à ce paragraphe de

sa lettre, lorsque Faustine entrant lui dit :

— Quoi, madame, déjà levée? sans m'avoir sonnée ?

— Que voulez-vous ?

— Madame, c'est le guide que vous avez demandé.

— Qu'il attende.... préparez ma toilette, mes habits d'hommes, et n'oubliez pas mon étui à cigarettes.

Pendant que Faustine accomplissait les ordres de Cornelia, celle-ci ajoutait ces mots à sa lettre adressée au comte.

Pendant que Faustine accomplissait les ordres de Cornelia, celle-ci ajoutait ces mots à sa lettre adressée au comte :

» ..... J'interromps ma lettre, mon cher Christian, pour aller faire une excursion dans la montagne, à mon retour je terminerai cette épître...

XXIV

—

La marquise, aidée de sa camériste, achevait de vêtir ses habits d'homme, cambrant sa taille souple et mince, serrée à ses larges hanches par la ceinture de son pantalon de nankin, elle nouait à son cou une cravate blanche à larges raies d'un bleu tendre, étoffe pareille à celle de sa chemise ayant ensuite endossé un gilet de bazin, un léger paletot de popeline d'un brun doré, elle tendit son pied d'enfant à Faustine qui laça étroitement les bottines de sa maîtresse.

— Peut-être disait Cornelia d'un air sombre — peut-être ces promenades dans la montagne, en me brisant de fatigue, me rendront le sommeil !

— Madame en aurait grand besoin ! cette nuit encore je l'ai entendue se promener dans sa chambre avec agitation.

— Vers minuit je m'étais assoupie... j'ai fait un rêve... un rêve... horrible !

— Quel rêve, madame?

— Je voyais Julien, se débattre dans les flots du Rhône qui l'emportaient; mes yeux ne pouvaient se détacher des siens, et son regard... à ce moment suprême... oh... son regard... tiens... j'en frissonne encore... et puis son pâle et doux visage était encore si beau malgré les convulsions de l'agonie!

— En vérité, madame, je crois à peine à ce que j'entends! — reprit Faustine avec stupeur en discontinuant de lacer la bottine de la marquise — il faut que votre imagination soit bien frappée... pour que vous fassiez de pareils rêves!

— C'est vrai... toujours je pense à ce malheureux enfant, tantôt avec délices, tantôt avec amertume.

— Mais madame — s'écria la camériste — cela devient une passion outre-tombe ?

— Oui... — répondit la marquise d'Alfi, absorbée dans ses pensées — oui, je le crois... c'est une passion outre-tombe...

— Alors, madame, pourquoi pendant la vie de ce pauvre diable l'avez-vous, ainsi que monsieur le comte, tant baffoué, que de désespoir, il s'est...

— N'est-ce pas qu'il était beau ? — reprit

la marquise rêveuse en interrompant Faustine qu'elle n'écoutait point — beau... comme un ange?

— Comme un ange... qui aurait porté des gants verts et des souliers lacés, car enfin, madame, ce jeune homme...

— Et quelle candeur adorable! — ajouta Cornelia s'exaltant de plus en plus et interrompant de nouveau sa camériste — quelle ame! quel amour! quelle foi! quelle sincérité! quel dévoûment sans bornes! quel courage... n'a-t-il pas pour moi affronté la mort dans un duel inégal! oh pauvre enfant! combien près de toi ces roués de salon me font pitié! prétentieux ou sots, toujours faux et égoïstes, insolents despotes s'ils dominent une femme, lâches esclaves si elle les subjugue, on peut les blesser dans leur orgueil, jamais au cœur... ils n'en n'ont pas ! mais toi, aimable et douce créature, toi qui ne vivais que par le cœur : je t'ai... par un jeu atroce,... frappé au cœur ! oui, un jour, en me jouant je t'ai écrasé sous mon dédain railleur, comme on écrase avec distraction un de ces petits papillons de nuit inoffensifs et charmants qu'une lumière trompeuse et mortelle attire hors de leur paisible obscurité... ah, mieux que le remords, mes regrets impuissants et désespérés te vengent ! malheureux enfant !

— Quoi, madame !... vous pleurez ! — s'écria Faustine en voyant des larmes rouler dans les yeux de sa maîtresse — vous pleurez? et c'est d'un œil sec que vous avez lu cette lettre dans laquelle il y a deux ans le duc Balbi, tué en duel à cause de vous, madame, vous adressait, de son lit funèbre, des adieux déchirants ? vous pleurez !... c'est la première fois que je vous vois verser des larmes depuis la mort de *Fioretta*, cette petite perruche bleue que vous adoriez ! En vérité, je m'y perds ! vous n'avez seulement pas sourcillé, lorsqu'à Paris vous avez appris la mort de ce jouvenceau :

— Et à présent je l'aime ! — s'écria la marquise avec un sanglot convulsif, — c'est insensé mais je l'aime !

— Aimer un mort !... vous le dites vous-même, madame ! c'est folie... c'est vouloir l'impossible...

— Hé... justement ! — répondit Cornelia en frappant du pied avec fureur — l'impossibilité m'attire comme le vide attire quand on regarde au fond d'un abîme !

Deux coups frappés discrètement à la porte interrompirent cet entretien, Faustine sortit un instant et rentra disant à sa maîtresse :

— Madame... c'est le guide... que vous avez demandé, il attend vos ordres.

XXV

Lorsque la marquise d'Alfi descendit de chez elle pour rejoindre son guide, elle venait d'enrouler ses noirs cheveux sous un large chapeau de paille, ses habits d'homme lui donnaient l'apparence d'un adolescent d'une beauté accomplie, ses larmes taries, ses traits avaient repris leur expression habituelle de hauteur sardonique et ne révélaient en rien les regrets désespérés dont Faustine possédait seule le secret !

A la vue de cette femme qu'il accusait de la mort de son fils, Robert, malgré son empire sur lui-même, pâlit légèrement, et de peur de trahir ses ressentiments il n'osa lever les yeux sur Cornelia, celle-ci lui dit d'un ton d'impérieux reproche :

— Pourquoi n'êtes-vous pas venu hier, ainsi que je l'avais ordonné ?

— Je ne le pouvais pas... madame.

— J'avais d'ailleurs prévenu le jardinier que je vous paierais à votre gré.

— Je me contenterai de ce que vous me donnerez, madame.

— Rappelez-vous surtout que je n'aime pas à voir contrarier mes volontés, alors vous n'aurez qu'à vous louer de ma générosité...

— Je tâcherai, madame, de vous satisfaire.

— Ainsi vous connaissez bien le pays?

— Oui, madame.

— Vous pourrez me servir de guide dans les montagnes?

— Oui, madame.

— Je désire surtout monter à la cîme de *la Tournette,* pouvons-nous aujourd'hui entreprendre cette course ?

— Oh non, madame, il faut pour aller à *la Tournette* partir pendant la nuit, et c'est à peine si l'on peut être de retour dans la soirée du même jour, d'ailleurs il a beaucoup plu ce matin, le ciel est sombre, les nuages sont bas, et arrivés à moitié de la hauteur de la montagne, nous nous trouverions au milieu d'épais brouillards, et ils vous cacheraient tous les points de vue, pour en jouir, il faut attendre un temps clair, alors du haut de *la Tournette* on voit très loin.

— Où donc irons-nous aujourd'hui?

— Madame, êtes-vous allé au pont de Saint-Clair, par la route de THÔNES?

— Non... le site est-il beau ?

— Je ne m'y connais guère, tout ce que je sais, c'est que le torrent coule au pied de grands rochers, d'où tombent plusieurs cascades.

— Soit, dirigeons-nous de ce côté, le trajet est-il long ?

— D'ici, madame, il faut environ deux heures pour se rendre au pont de Saint-Clair, autant pour revenir.

— Il n'est qu'onze heures... partons.

Et madame d'Alfi, quittant sa demeure, suivit son guide qui marchait à quelques pas devant elle.

Quatre principaux passages conduisent du village de Veyrier au pont de Saint-Clair, tous quatre sont admirablement pittoresques.

Robert choisit celui qui, toujours large, plane et carrossable, contourne les bords du lac jusques vers le village des Bo*raltes*, puis va rejoindre au hameau de *Vignière* la grande route de THÔNES, si variée dans ses nombreux aspects : qu'on en juge.

A droite et aussi haut que la vue puisse atteindre, c'est le versant septentrional du mont *Veyrier*, couvert de sa base à son sommet d'une végétation luxuriante, les peupliers, les hêtres, les sapins où grimpent le lierre et les clématites sauvages aux fleurs odorantes, confondent les nuances de leurs feuillages, çà et là, grâce à quelques échappées de vue l'on aperçoit à mi-côte, de grandes clairières gazonnées, que la nature a plantées comme des parcs, en y jetant çà et là des massifs d'arbres divers ; à gauche de la route (en allant à Thônes) se profile à l'horizon, élevée de cinq à six mille pieds, la chaîne du *Parmelan*; rien de plus original, de plus imposant que cette cîme: on dirait les ruines d'un château fort taillé dans le roc par les Titans! ses tours, ses bastions, ses murailles crénelées, d'une admirable couleur, assises au faîte des prairies qui tapissent ces monts, se développent sur une étendue de plusieurs lieues et dominent le paysage; au-dessous, le versant de la montagne de *Nâves* encaisse la vallée du même nom, que le chemin de Thônes surplombe jusqu'au pont de Saint-Clair.

Délicieuse vallée! les plantes fourragères, l'orge, l'avoine, le chanvre, la vigne, les arbres fruitiers y abondent au milieu des accidents de terrain les plus pittoresques;

ici le trèfle à fleurs incarnates tapisse les bords d'un ravin de deux cents pieds, du haut duquel tombe et bouillonne une cascade; des pampres chargés de raisins vermeils s'épanouissent joyeusement au midi, abrités contre la bise du nord par un banc calcaire, noirâtre et dénudé; ailleurs les tiges du maïs, élégants panaches de verdure d'où sortent des cônes de grains dorés, ondoient au bord d'un précipice : des courges rampantes, suspendues au flanc d'un escarpement, y étalent leurs larges feuilles et leurs fruits énormes côtelés d'orange et de blanc, tandis que sur la pente d'une fondrière, des haricots à pétales écarlates, grimpent à de longues perches en gracieuses pyramides; quelques blocs de roches, minés par le temps et détachés du sommet de la montagne ont roulé dans la vallée... leurs masses couvertes de mousse sont entourées d'un champ de pois en fleurs : des maisons à demi cachées dans des massifs de noyers et de mélèzes sont bâties à mi-côte de rampes presque à pic, et du bord de la route, on voit au loin tournoyer au dessous de soi la fumée bleuâtre des cheminées (1); ailleurs le torrent qui tonne, écume et bondit, a

(1) Il n'y a pas une des maisons de la campagne de la Savoie, qui n'offre au peintre des sujets d'étude et de détails, aussi variés dans la forme que puissants par la couleur ; dans les villages ces trésors de coloris et d'originalité abondent ; nous citerons entre mille autres, dans le village de *Chavoire*, certaine rue terminée par une arcade qui offre l'aspect de l'un des plus admirables tableaux de DECAMPS. Nous recommandons spécialement cette vue aux artistes comme *specimen* des merveilles qu'ils rencontreront à chaque pas. (Le village de *Chavoire* est aux portes d'Annecy).

pour rives de gras pâturages et des vergers chargés de pommes empourprées, de poires jaunissantes dont le doux parfum se mêle à celui des prunes violettes (1) : enfin au fond de cette vallée, dont la riante fécondité contraste d'une manière originale et charmante avec les grandeurs alpestres qui l'encadrent, coule le FIER, capricieux torrent; ici rapide, mais si paisible, si pur, qu'à travers son onde limpide et verte comme l'aigue-marine l'on peut compter les cailloux sur lesquels il glisse avec un doux murmure; ailleurs, sous la voûte de quelques parties du roc miné par le courant, l'eau profonde

---

(1) Jamais, sinon en Savoie, nous n'avions senti l'odeur des fruits mûrs aussi suave et aussi pénétrante, celle du prunier violet entre autres est sensible à une distance de vingt pas.

prend des teintes, des reflets, des transparences d'une vivacité incroyable : tantôt c'est le bleu d'outre-mer le plus foncé, tantôt l'éclatante crudité de vert-de-gris, nuances chatoyantes souvent lamées d'or par quelques rayons de soleil pénétrant à travers les branches des arbres de toute espèce dont les escarpements du torrent sont presque partout plantés : dans d'autres endroits le Fier blanchit et gronde, dans un lit resserré, au fond duquel ont roulé des quartiers de rochers. Le temps et l'action des eaux ont usé, arrondi, poli les angles de ces blocs à demi-submergés, ils offrent souvent à l'œil, les formes les plus bizarres : parfois on croit voir de monstrueux mastodontes immobiles au milieu du courant qui bat incessamment leurs flancs et leurs croupes noirâtres d'où ruisselle une écume argentée.

Changeant d'aspect comme la mer, aujourd'hui calme et muette, demain sombre et soulevée par la tempête, le Fier, grossi par les pluies de la nuit, par l'affluence des ruisseaux et des cascades, le Fier mugissait ce jour-là, limoneux, terrible, à environ trois cents pieds au-dessous la route de Thônes, taillée presque à pic, à l'endroit où se trouvaient alors la marquise d'Alfi et son guide; d'épais nuages gris obscurcissaient le ciel, tandis que çà et là des bancs de nuées d'une blancheur presque mate, se traînant à mi-côte des monts les plus élevés, coupaient en deux leurs cîmes de prairies veloutées, couronnées de noirs sapins;

ailleurs, pareilles à des flots de fumée, ces vapeurs se déroulaient lentement au fond de quelque gorge abrupte, ou bien encore, remontant dans l'espace et se repliant comme des voiles de gaze, elles découvraient au regard, à travers leurs trouées, de lointains horizons...

XXVI

Robert et Cornelia avaient marché longtemps, ils n'étaient plus qu'à peu de distance du pont de *Saint-Clair*, les sites d'abord aussi riants que variés, devenaient d'une sauvage et sinistre majesté : la route se resserrait entre le torrent qu'elle surplombait et d'immenses murailles de rochers jaunâtres, rayés de noir ; séparés à leur crête par une gigantesque déchirure, ils semblaient devoir se rejoindre à leur base et couper la route à son premier tournant; à travers l'échancrure, laissée entre leurs parois presque perpendiculaires, l'on apercevait au loin se dressant à l'horizon le cône immense de la montagne d'*Alex* à demi cachée dans les nuages.

Jamais Salvator Rosa ne rêva de tableau d'une grandeur plus lugubre !... du fond de cette gorge l'on voyait à ses pieds le torrent, au-dessus de soi le ciel, et à quelques pas : des cascades qui, grossies par la pluie, descendaient en nappes du haut des rocs, et répandaient sur la route une poussière humide... leur retentissement, le fracas du Fier, dont les eaux s'engouffraient avec furie sous l'arche unique du pont de Saint-Clair, les sifflements du vent, l'aspect de ces lieux solitaires, assombris par un dôme de nuages bas et compacts, frappèrent Cornelia d'une vive émotion ; la route était déserte... aussi loin que l'œil pouvait suivre ses sinuosités, l'on n'y voyait personne...

— Madame, si vous n'aviez pas peur — lui dit Robert — nous traverserions le pont, nous prendrions à gauche ce qu'on appelle l'ancienne voie romaine et du haut de ce roc que vous voyez là-bas, élevé à pic au-dessus du torrent, vous aurez un beau coup d'œil... mais il faut avoir la tête ferme pour...

— Marchez — reprit la marquise en interrompant son guide — je ne crains rien.

XXVII

Robert, suivi de Cornelia, quitta la route de Thônes, coupée à angle droit par le pont de Saint-Clair, le traversa et tournant à gauche, commença de gravir une sorte d'escalier taillée par les romains dans la pierre vive, puis après quelques minutes de marche, quittant ce chemin, il monta sur un bloc de roche, fit signe à Cornelia de passer devant lui et dit :

— Voyez !

Madame d'Alfi, selon l'indication de son guide, se plaça sur une plate-forme, large au plus de quatre à cinq pas ; de là, le spectacle était formidable : aux pieds de la marquise et à une extrême profondeur, le torrent limoneux tonnait au milieu des roches qui obstruent son lit; c'étaient des bouillonnements, des tourbillons, des ruissellements d'une rapidité à donner le vertige... un fracas à assourdir ! les vagues gonflées, pressées, refoulées par les obstacles, tournoyaient, bondissaient, se creusaient, se dressaient, revenant et se tordant sur elles-mêmes dans les courants les plus violemment contraires, au milieu de flots d'écume jaunâtre qui se brisaient sur les blocs à demi submergés, une créature humaine précipitée dans ce gouffre, au milieu d'ondes furieuses, fouettant, ébranlant des pierres énormes, n'eût pas été noyée, mais broyée, mais mise en lambeaux de chair et d'os...

Cette pensée vint fatalement à la marquise, subissant malgré elle, l'attraction du vide, la fascination du danger, le regard troublé par la vertigineuse rapidité du FIER, l'oreille étourdie par le fracas retentissant du vent, du torrent et des cascades, palpitante, immobile, sentant que s'avancer d'un seul pas c'était tomber à l'abîme... mais n'ayant plus même la force de faire un pas en arrière, Cornelia restait là... pétrifiée...

Robert, debout derrière la marquise et inaperçu d'elle, put en ce moment quitter son masque d'indifférence... l'horreur que cette femme lui inspirait éclata soudain sur ses traits, alors effrayants de haine et de désespoir : la vue de ce torrent lui rappelait les flots du Rhône où Julien s'était précipité, poussé au suicide par cette créature, et elle était là... penchée vers le gouffre.

Robert effleura par deux fois, de ses mains crispées de fureur, les épaules de Cornelia...

prêt à la jeter dans le torrent, mais par deux fois ses bras retombèrent et il se dit :

— Non, pas encore... attendons son complice... l'autre bourreau !

La marquise, toujours immobile, fascinée par le péril, tressaillit tout à coup...

Elle se souvenait de son rêve de la nuit, où elle avait vu Julien agonisant, emporté par les eaux du Rhône, fougueuses, grondantes, limoneuses comme celles du torrent !... Bientôt le mirage de son esprit troublé lui montra, au milieu d'un tourbillon d'écume, la figure livide et contractée de l'adolescent qui attachait sur elle ses yeux éteints.

La marquise, incapable de faire un mouvement, sentit ses genoux trembler, son corps s'incliner vers le gouffre, elle y roulait si elle n'eût été retenue par Robert qui l'attira vigoureusement à lui en s'écriant :

— Prenez donc garde ! madame ! vous allez tomber !

Cornelia, d'abord anéantie par l'épouvante, resta durant un moment presque inerte dans les bras de son guide, puis reprenant ses esprits, elle s'écria, rougissant de sa faiblesse :

— Honte et lâcheté... j'ai eu peur !!!

Madame d'Alfi, se dégageant alors des

bras de Robert, s'élança vers le roc du haut duquel elle avait failli se laisser rouler dans le gouffre, et croisant ses bras sur son sein gonflé, palpitant, s'avançant jusqu'à l'extrême limite de l'étroite plate-forme, elle s'inclina autant qu'elle le put, sans perdre l'équilibre et contempla cette fois le torrent sans pâlir; au bout de quelques instants elle tira de la poche de son paletot un étui d'or rempli de cigarettes, en alluma une et se retournant vers Robert, elle lui dit, en faisant tourbillonner la fumée bleuâtre du tabac turc :

— C'est vraiment beau... l'abîme !

Au moment où Cornelia prononce ces derniers mots, le soleil, longtemps obscurci par de sombres nuées, peu à peu dissipées au souffle du vent, brille soudain radieux, splendide ! et soudain ce tableau, d'une grandeur sinistre, a changé d'aspect !

Les masses de rochers, jusqu'alors d'un ton morne et sombre, se colorent de tons chauds vermeils, qui dessinent vivement leurs saillies, leurs arêtes; la mousse du lit des cascades, où elles serpentent ici en longs rubans argentés, ailleurs en nappes neigeuses, devient d'un vert glacé d'or; en mille endroits, leurs eaux miroitent, se diamantent, le brouillard humide qui s'épand après leur chute, s'irise des feux changeants de l'arc-en-ciel; les rayons du soleil, pénétrant à l'entrée de plusieurs grottes, du fond desquelles jaillissent les cascades, s'y jouent sur la verdure et les fleurs pariétaires dont sont tapissées ces mystérieuses et fraîches retraites, où, selon de naïves légendes, les petites fées des eaux, la nuit venue, baignent au clair de lune, leurs corps mignons et roses dans l'onde cristalline...

Le torrent, toujours mugissant, écumant, bondissant, mais de moins en moins troublé par l'effluve des eaux de la pluie qui avait cessé depuis le matin, commence de bleuir... son écume se nacre, la surface luisante et polie des roches battues par le courant, reflète aussi les jets étincelants du soleil; enfin à travers l'échancrure des deux murailles calcaires surélevées au-dessus du pont de Saint-Clair et qui, noyées d'ombre, formaient un vigoureux repoussoir, apparaissent au loin les abords enchantés des vallées de *Thônes*, de *Dingy*, et de *Menthon*, inondées d'une éblouissante lumière.

Un changement à vue, pratiqué à l'Opéra, donnerait seul (autant que les mesquines et factices beautés de l'art peuvent approcher de l'incomparable majesté des effets de la nature), donnerait seul une idée de cette transformation subite, opérée par le soudain rayonnement du soleil.

Madame d'Alfi, frappée de l'admirable site qu'elle entrevit à travers l'échancrure des roches du pont de *Saint-Clair*, au moment où elle se retournait pour adresser la parole à son guide, éprouva un tel saisissement, puis un tel élan d'enthousiasme qu'après s'être écrié:

— C'est sublime! — elle descendit en courant l'antique voie romaine, traversa le pont, suivit la route de Thônes, qui, au-delà de l'arche de Saint-Clair, continue de longer le torrent, et ne s'arrêta que lorsqu'elle put embrasser d'un regard le tableau magique dont la vue lointaine la ravissait.

XXVIII

—

Cornelia, haletante de sa course précipitée, arriva enfin au ponceau qui se trouve à peu de distance de la verrerie d'*Alex* : de cet endroit, point d'intersection des quatre vallées enclavées dans cette partie de la chaîne des Alpes, le coup d'œil est féerique ! l'on a devant soi la vallée de *Thônes* qui fait suite à celle de *Nâves*, à droite celle de *Menthon*, et à gauche celle de *Dingy*.

Ces trois vallées aussi riantes, aussi fertiles, aussi diversement cultivées que la vallée de *Nânes*, comme elle, entourée de montagnes verdoyantes depuis leur base jusqu'à leur faîte, comme elle arrosées par d'innombrables cours d'eaux vives, comme elle boisées d'arbres de toutes sortes et d'une végétation luxuriante, ces trois vallées ont cependant chacune leur aspect propre, leur caractère particulier.

Les pâturages de *Dingy*, montent presqu'à pic jusqu'aux premières assises de la crête du *Parmelan*, ce mont bizarre dont la cîme rocheuse ressemble à un château fort bâti par les Titans. Rien ne peut donner une idée de ces pentes de trois à quatre mille pieds d'élévation couvertes de prairies veloutées, émaillées d'une foule de fleurs alpestres; pentes si rapides que lors de la fenaison, les faucheurs de ces prés presque perpendiculaires, ne peuvent se maintenir qu'au moyen de crampons de fer, attachés à leurs chaussures ; puis les prés coupés, on les entasse en meulons énormes et on les fait rouler au fond de la vallée, comme des avalanches de verdure fleurie; à mi-côte, ce sont des bois touffus, des champs amoureusement cultivés, entourant quelques châlets isolés ou un hameau bâti au flanc de la montagne; puis c'est le bassin de *Dingy*, ses beaux arbres, ses riches guérets, ses moulins, ses scieries dont les roues puissantes sont mues par la rivière qui se déverse dans le FIER; c'est enfin le bourg pittoresquement groupé à l'ombre de noyers magnifiques, que domine le clocher de l'église écaillé de fer blanc.

La vallée de *Menthon* se prolonge jusqu'aux bords du lac d'Annecy, et ses sites plus planes sont moins tourmentés, ses côteaux doucement ondulés sont inépuisables en détails charmants; des sources vives, se frayant un passage entre les racines déchaussées de quelque arbre centenaire, murmurent dans les hautes herbes : des bois d'épicéas et de mélèzes, se dressent en amphithéâtre sur un sol couvert d'une couche de mousse compacte de plus d'un pied d'épaisseur, frais tapis brodé de petits cyclamnes roses et odorants qui cède moelleusement sous les pas ; les montagnes dont cette vallée est encaissée, aussi revêtues d'un manteau de verdure, sont remarquables par la variété de leurs lignes d'une originalité superbe ; entre autres le cône immense d'*Alex*, pyramide de prairies et de forêts, surmontée d'une couronne murale formée par la dentelure des rochers ; à l'extrêmité de la vallée se dressent les donjons de l'antique château de *Menthon*, perché comme un nid d'aigle au faîte de son roc ; puis enfin l'on a pour extrême point de vue, l'entassement bleuâtre des montages dont les croupes, les cîmes, les pitons s'élèvent au-dessus du bassin de Talloires.

La vallée de *Thônes* offre un aspect tout différent, c'est déjà ce qu'on appelle : la *grande montagne*, en effet tout s'agrandit encore, et au nord surtout, la nature gagne en majesté ce qu'elle peut perdre en grâce; les forêts de sapins, atteignant des proportions énormes, s'étagent à des hauteurs dont le regard ne saurait mesurer l'étendue, car leur cîme d'un vert sombre se cache presque toujours dans les nuages; mais sur le versant oriental, l'on retrouve l'ondoiement des épis murs, le coloris varié des prairies artificielles, les frais et plantureux pâturages; les maisons des hameaux, presque toutes construites en châlets à longs toits inclinés, complètent le paysage. Plus loin, en se rapprochant de la ville de Thônes (1), d'admirables cascades tombent, ainsi que celles de *Morette*, d'une hauteur de trois cents pieds, où sortent bouillonnantes de noirs souterrains dont on ignore la profondeur, répandent leurs flots de cristal au milieu des roches et se divisent en mille ruisseaux sillonnant les pelouses.

Mais ce qu'il faut renoncer à peindre, ce sont ces effets magiques d'ombres transparentes et de lumière éblouissante, ces va-

(1) Que mes excellents hôtes de Thônes, monsieur et madame Bally, me permettent de leur offrir ici un gage du souvenir que m'a laissé leur aimable hospitalité, l'esprit et la cordialité, le bon goût et la bonne grâce, semblent plus précieux encore lorsqu'on les trouve au fond des montagnes les plus agrestes.

peurs vermeilles, ces glacis d'or que le soleil, commençant alors à décliner, jetait sur ces merveilles de végétations accumulées dans les quatre vallées immenses, que Cornelia, placée au milieu du pont d'*Alex*, embrassait tour à tour d'un œil ravi.

Elle restait muette, palpitante, en proie à un nouveau vertige, mais celui-là, le plus doux des vertiges, touche au sentiment religieux par l'admiration que nous inspire la puissance et les trésors inépuisables de la création.

Madame d'Alfi, cette femme altière, blasée, bronzée, joignit les mains, et les yeux humides s'écria :

— Que c'est beau... mon Dieu! que c'est beau!

Ces mots furent accentués par la marquise avec une expression d'ineffable gratititude pour cette omnipotence inconnue qui, sans fin et sans commencement, a engendré, engendre, engendrera de toute éternité les mondes visibles ou invisibles, nouveaux on anciens, qui ont gravité, gravitent et graviteront dans l'espace!

Cornelia sentait son cœur endurci, se fondre dans une adorable extase, aspirant la nature par tous les pores, par tous les sens, elle éprouvait ces saintes jouissances que ne donnent jamais ni la gloire, ni l'amour, ni la volupté, ni la richesse! admirant, appréciant à ce point les merveilles de la création, Cornelia s'élevait jusqu'à cette sphère céleste où notre âme immortelle comme la divinité se confond avec elle!

FIN DU PREMIER VOLUME.

Fontainebleau, imp. de E. Jacquin.

EN VENTE :

LA COMTESSE DE CHARNY
PAR ALEXANDRE DUMAS. — 12 volumes.
Suite d'*Ange Pitou* et complément des *Mémoires d'un Médecin*.
(Cet Ouvrage n'a pas paru en feuilletons.)

GEORGES III
PAR LÉON GOZLAN. — 3 volumes.

LES PRINCES D'ÉBÈNE
PAR G. DE LA LANDELLE. — 5 volumes.

LES OISEAUX DE NUIT
PAR X. DE MONTÉPIN. — 5 volumes.

LES DRAMES DE LA MER
PAR ALEXANDRE DUMAS. — 2 volumes.

FALKAR LE ROUGE
PAR G. DE LA LANDELLE. — 5 volumes.

SUZANNE D'ESTOUVILLE
PAR LE MARQUIS DE FOUDRAS. — 2 vol. in-18.

LE CHEVALIER DE PAMPELONNE
PAR A. DE GONDRECOURT. — 5 volumes.

FAUSTINE ET SYDONIE
PAR MADAME CHARLES REYBAUD. — 3 volumes.

Impr. de E. Dépée, à Sceaux (Seine).

www.ingramcontent.com/pod-product-compliance
Lightning Source LLC
Chambersburg PA
CBHW060503170426
43199CB00011B/1312